Architectural Workshop NINNAJI 2023

建築学生ワークショップ仁和寺２０２３

JN046192

序文｜伝承の懸け橋

総本山仁和寺門跡　真言宗御室派管長

　京都には多くの寺院がありますが、その中でも仁和寺は特別な歴史を有する寺院であります。所謂、筆頭門跡寺院であり、明治維新まで３０代（約１０００年）にわたり皇子皇孫の方が門跡を務められた名刹であります。歴史は古く平安時代、８８８年（仁和４年）に、５９代宇多天皇が先の帝５８代光孝天皇の御遺志を継がれ、光孝天皇の御供養、国家安穏を願われ寺院を建立され、完成時の元号を取り、「仁和寺」と命名されました。さらに、天皇自らが弘法大師（空海）を尊崇され、落飾されて法皇となられ、仁和寺に住持されて人々の幸せを祈られました。それ以来、仁和寺は密教道場と御所文化の接合の場として、独自の文化が芽生え「仁和芸術」として大輪の花が開いたのです。

　さて、令和５年は弘法大師生誕１２５０年の記念すべき年であり、皆様とお祝い申し上げ、さらにこの年に「建築学生ワークショップ仁和寺2023」が開催されますこと意義深く、そのご縁に感謝御礼申し上げます。

　さて、仁和寺の住職は「門跡（もんぜき）」と号し、さらには元は僧房の住まいを意味する「室」の上に御をつけて、「御室」と呼ばれるようになりました。宇多天皇が落飾され法皇として仁和寺に住持された、お気持ちを拝察することができる、古文書があります。境内に八角円堂を建立された時の儀式の願文に、「我ハ仏子トナリ、善ヲ修シ、普ク利他ヲ行ズ」と示されています。それは仏教の根本教理であります、「自利利他」の教えであり、自らが切磋琢磨して、人々の幸せを祈る仏道の実践であり「仁和の祈り」にも通じます。

　さて、仁和寺建立から５７９年後の応仁元年（１４６７年）応仁の乱が発生します。西軍の本陣がおかれた仁和寺も応仁２年に御室を含む、ほぼすべての伽藍が消滅してしまいました。双ヶ丘のふもとに仮本堂を建築して、再興の時期を待ち望んでいましたが、仁和寺第２１世門跡覚深法親王が、二条城において三代将軍家光公に再建を懇願され、寛永１１年（１６３４年）幕府に仁和寺再興の令が下され、技術を駆使され歳月をかけて今日の伽藍が整備されました。あたかも、御所の造営と時を同じくして、京都御所の中心的な建造物、紫宸殿を仁和寺に下賜され、金堂として重要な法要儀式の執行時に使用いたし、さらに昭和２８年（１９５３年）には、我が国の現存する最古の紫宸殿として、国宝に指定されました。

　金堂を正面から見ると、日差し避けのための、蔀戸という格子を組み込んだ建具が目に入ります。そこから少し引いて天井付近を見上げると、舟肘木と呼ばれる、屋根を支える横木が組まれています。また蔀戸の格子の黒と白の絶妙なバランスを作り出し、周りの金色の金具が煌びやかな雅さを醸し出し、金堂には随所に御所の建築様式が施されています。さらに、金堂の裏堂には、五大明王像が描かれています。明王はそれぞれ、金剛（こんごう）夜叉（やしゃ）明王（みょうおう）・降（ごう）三世（さんせい）明王（みょうおう）・不動明王（ふどうみょうおう）・軍荼（ぐんだ）利（り）明王（みょうおう）・大威（だいい）徳（とく）明王（みょうおう）と言い、守護神のような役目を果たしています。五大明王はいずれも密教の象徴的な存在ですから、「仁和寺は密教の寺である」ことを強調するために描かれたのでしょう。明王のお顔をよく見ると、非常にやさしい目をしていることがわかります。憤怒の向こうに慈悲が満ち溢れています。厳しさの中に優しさが漂い、参拝者の心を癒してくれます。

　金堂を拝し、ゆっくりと浄心の参道を歩くと、中門の右側に群生する御室桜が目に入り、人々から春を惜しむ遅咲きの桜として親しまれています。足を止めて少し振り返ると桜の枝の間から、観音堂の甍の曲線が美しく参拝者を静に見つめています。堂宇は建立して以来一度も解体修理が行われず、今日まで持ち堪えていましたが、この度約 370 ぶりに６年の歳月をかけて修復がなされました。修復が始まり感動いたしましたことは、棟梁を初め各分野の技術者の方々

御殿北庭

観音堂

の、唯、「仁和寺のために」との、思いで取り組まれた、真摯な態度に、感謝の気持ちで一杯でした。さらに、この度、仁和寺の御室御所の歴史を鑑み、令和３年に庭園、御殿の建造物を中心に、「仁和寺御所庭園」として国の名勝指定に登録されました。喜ばしいことであり、皆様と共に後世に継承いたしたく存じます。

　早朝一人静かに御殿に坐し、眺める景色は、御所の面影を残して今なお、優雅な雰囲気を漂わせています。正面の築山には、光格天皇お好みの茶室・「飛涛亭」が流水の池に写り、目を土塀に沿って進めると浄心の参道より続く中門が目に入り、さらにその奥には凛とした五重の塔が建ち、相輪が天に向かい聳（そび）えています。なんと美しい光景でしょうか・・・時間の過ぎるのも忘れてしまいそうです。まさに御所文化と密教世界が見事に融合した、他に類のない仁和寺独自の環境であり、境内に吹く風は昔も今も変わらない時空を伝えています。

「歴史は文化を育み、育まれた文化は、人々の努力により後世に伝えられます」

　私たちは先人が守り伝えられた大切な文化財を、後世に伝える使命があります。それを可能にするには人の心であり、さらに卓越した技術の結晶であります。弘法大師は、「物の興廃は必ず人に由る」と示されています。それは物事が栄えたり衰退するのは、人の努力にあると説かれています。

　この度の「建築学生ワークショップ仁和寺 2023」が大切な建造物を未来へ伝える「伝承の懸け橋」となることをお祈り申し上げ、挨拶といたします。

合掌

令和４年１０月２８日

瀬川大秀

境内鳥瞰写真

開催の軌跡｜建築学生ワークショップ仁和寺２０２３

２０２１年　４月１６日（金）
座談会

２０２３年　４月１１日（火）
アドバイザー会議

５月１１日（木）
参加説明会開催（東京大学）

５月１６日（火）
参加説明会開催（京都大学）

６月１０日（土）
現地説明会・調査

７月１日（土）
各班エスキース（東京会場・大阪会場）

７月１５日（土）
提案作品講評会

７月１６日（日）
実施制作打合せ

９月１２日（火）〜１８日（月）
現地集合・資材搬入・制作段取り
合宿にて原寸制作（６泊７日）

９月１３日（水）
地元高校生 × 全国大学生 交流会

９月１７日（日）
公開プレゼンテーション

９月１８日（月）
撤去・清掃・解散

開催にあたって｜建築学生ワークショップ仁和寺２０２３

アートアンドアーキテクトフェスタ ＡＡＦ ｜ 建築学生ワークショップ 統括・副統括

　「日本建築」が世界に誇れる存在である理由、それは仁和寺のように長い年月にわたり受け継ぎ築かれてきた日本人の精神性に関係が深いことにあるとあらためて気づかされます。「建築学生ワークショップ」とは、全国から公募で集まった建築や環境、芸術やデザインの分野を専攻する大学生や院生を対象にした、地域滞在型のワークショップです。このワークショップでは、通常取り組むことのできない日本人が誇りに思う聖地において、現代にも伝わるその空気を感じながら特別な環境で学生らが学び、実際に提案を制作し空間を体験することを目的としています。

　建築ワークショップは、１９８４年、関西を中心に取り組みがはじめられ、建築や環境デザイン等の分野を専攻する学生がキャンパスを離れ、国内外にて活躍中の建築家を中心とした指導のもと、その場所における場所性、自然災害や環境問題にも配慮した提案作品をつくりあげることを目的としてきました。２００１年度から始まった合同ワークショップでは、大学の教員を兼ねた建築家による複数の講師陣により、過去に山添村（奈良県）・天川村（奈良県）・丹後半島（京都府）・沖島（滋賀県）などの関西近郊の各地で行われ、それぞれの過疎化した地域を対象に提案し、市や街、村の支援を得ながら、有意義な成果を残してきました。そして一般社会にも投げかけていけるようにと２０１０年より、地元の方たちと共同開催での参加型の取り組みになっていくことを目指し、平城遷都１３００年祭の事業として、考古遺跡としては日本初の世界文化遺産、「平城宮跡（奈良）」での開催をはじめました。翌１１年は、琵琶湖に浮かぶ「神の棲む島」と称される名勝史跡、「竹生島（滋賀）」にて、宝厳寺と都久夫須麻神社と共に取り組む開催となりました。

　２０１５年は世界遺産 高野山（和歌山）真言宗総本山・金剛峰寺の開創法会１２００年となる１００年に１度山が開かれる年に、境内をはじめとした名所で開催。翌１６年、昭和５８年１１月７日にファイバースコープによって北壁の玄武図が発見されてから３０年を経て、キトラ古墳の麓に小さな建築を８体実現。１７年には、国宝・根本中堂「平成の大改修」始まりの年に、「古都京都の文化財」の一環としてユネスコの世界遺産に登録された、京都市と大津市にまたがる天台宗総本山・比叡山延暦寺にて開催。そして１８年には、天皇陛下が生前退位をされる平成３０年「満了する平成最後の夏に」伊勢神宮にて開催し、翌１９年には、「平成の大遷宮 完遂の年に」出雲大社での実施をいたしました。そして２０２０年。世界中の人々が影響を受けたコロナ禍での情勢に幾度も開催が危ぶまれましたが、１２８５年前、疫病の復興を願われ建立された盧舎那仏（大仏様）がおられる学問の原初の聖地、東大寺にて開催を果たし、２１年度は、鎮座百年・重要文化財になられた明治神宮・内苑にて開催。２２年は大鳥居の大改修が行われていた宮島・嚴島神社にて開催いたしました。そして本年は、弘法大師（空海）生誕１２５０年の年に、いよいよ古都・京都の仁和寺にて開催をいたします。これからの社会の中心を担うであろう学生には、歴史と共に存在する建築の文脈を伝えていただくと共に、場所性やコンテクストを読み解きながら新たな道を切り開いていくことに挑みたいという気持ちを強く持ち、建築の原初の場所において、現代の日常生活で忘れかけている日本の素晴らしさをあらためて知る、貴重な機会として取り組んでいただきたいと思います。

　私たちＡＡＦは引き続き、次の時代に向けた建築を目指すだけではなく、人類の財産である大切な自然と文化そして建築を守ること、たとえば造営を繰り返すことが宿命である社殿・伽藍のように、今ある建築を長く使い、未来へその文化を継いでいくための建築手法を発見していくことを目指していきます。私たちは、次の時代を担う人たちへ継ぐため、自らが価値を生み出し自らの体験を伝えていくような、知性あふれるレクリエーションの場を広げていき、将来の新たな環境に向けて、全力で活動していきたいと思います。このドキュメントブックをお手にとられた皆様方におかれましては、どうかＡＡＦの活動にご興味をお持ちいただき、ご理解とご賛同をいただければ幸いに思います。これからも多くのご支援とご鞭撻の程、心よりお願い申し上げます。

２０２３年４月１日

宮本勇哉　杉田美咲

AAF 運営スタッフ

宮本 勇哉　（神戸芸術工科大学 修士２年）　杉田 美咲　（繼央大学 ４年）　　　　森本 将裕　（アートアンドアーキテクトフェスタ）
奥西 真夢　（東京理科大学 修士１年）　　山田 奈々生　（関東学院大学 ４年）　　森山 舞優　（京都橘大学 ２年）

建築学生ワークショップ仁和寺２０２３　参加学生

募集対象者は、建築や環境デザインなどの分野を学ぶ、国内外の学部生や院生です。

参加学生と運営サポーターを公募し、今年も多数の応募から、こちらの学生たちが選考を通過しました。

1班　｜　千代の夢

班長　沖中 理帆子（東京大学 修士１年）

赤瀬 唯（奈良女子大学 ３年）　　　　國分 宏純（京都工芸繊維大学 ３年）

戸田 学志（多摩美術大学 ３年）　　　筒井 櫻子（北九州市立大学 ３年）

松本 太樹（国立明石工業高等専門学校 ４年）

2班　｜　かさなり

班長　林 優希（日本大学 修士１年）

張 銘浩（立命館大学 ４年）　　　　　来栖 裕也（千葉大学 ３年）

西脇 莉子（東京電機大学 ３年）　　　小山 遥加（武庫川女子大学 ３年）

木下 翔（京都美術工芸大学 １年）

3班　｜　さとる

班長　小高 結衣（京都工芸繊維大学 ４年）

童 于倩（東京理科大学 ３年）　　　　松本 文典（静岡文化芸術大学 ３年）

白石 悠喜（徳島大学 ３年）　　　　　伊藤 杏香（信州大学 ２年）

4班　｜　鏡心

班長　田中 万尋（近畿大学 ４年）

星野 倖嬉（芝浦工業大学 ３年）　　　岡本 晃輔（滋賀県立大学 ３年）

川本 真妃（関西学院大学 ２年）　　　廣瀬 菜緒子（昭和女子大学 ２年）

5班　｜　わ

班長　徳家 世奈（東京電機大学 ４年）

古田 摩実（お茶の水女子大学 ３年）　鬼塚 己生（関西学院大学 ３年）

平野 葵子（島根大学 ３年）　　　　　佐藤 駿佑（武蔵野美術大学 ２年）

6班 ｜ こゆるり

班長　鳥飼 小華（日本女子大学　修士1年）

鈴木 陽介（東京大学　3年）　　　大坪 橘平（京都大学　3年）

阿部 亮介（九州大学　3年）　　　中村 美月（岡山大学　3年）

瀧澤 笑（イギリス国立カーディフ大学　1年）

7班 ｜ ゆかり

班長　大宅 智子（広島工業大学　修士1年）

増田 龍（東京理科大学　3年）　　　寺北 美芙悠（神戸大学　3年）

齋藤 巧（九州大学　3年）　　　阿部 遥奈（日本女子大学　3年）

井上 梨香（東京都市大学　1年）

8班 ｜ 紡ぐ

班長　櫻井 康平（長岡造形大学　修士1年）

吹留 史恵（鹿児島大学　4年）　　　岡野 優英（多摩美術大学　3年）

武本 流碧（岡山大学　2年）　　　藤井 七星（金沢美術工芸大学　2年）

9班 ｜ 滲静

班長　片岡 晃太朗（近畿大学　修士1年）

小柳津 有彩（長岡造形大学　3年）　　　細田 伊吹（関東学院大学　3年）

道信 佐菜子（奈良女子大学　2年）　　　川向 世瞳（神戸芸術工科大学　2年）

10班 ｜ X

班長　阿部 槇太郎（滋賀県立大学　4年）

本多 加依（東洋大学　3年）　　　森川 詩織（日本大学　3年）

金光 陸（早稲田大学　2年）　　　宮本 泰幸（神戸大学　2年）

1班　千代の夢

（規模）　面積　45.00 ㎡
　　　　　高さ　3.72 m

（構造）　主体構造　木造
　　　　　素材　　土、木材、麻布

「長い歴史を持つ時間の雄大さ」と「短い時間の中にしか存在しない儚さ」の対比を表現する。仁和寺は1000年以上もの長い歴史を持つ寺院である。その一方で、今回私たちが建てるフォリーはたった一日という短い時間しか存在しない。そこで私たちの班はこの時間制の違いに着目した。「千代の夢」という作品タイトルは、千代の部分が長い時間を表し、夢の部分が短い時間を表している。

1班の敷地は、参道の中央である。周囲に特徴的な建造物が無く、空に向かって開けた開放感のある空間になっており、歴史の雄大さを体感するのに適している。この開けた空間性と、高さ3m奥行10mというフォリーのダイナミックなスケールを用いて、長い時間性を表現する。そして、フォリーの曲線的で繊細さのある造形とその表面を覆う土が崩れていく様子で、短い時間性の儚さを表現することを目指す。

このフォリーは表面が土で覆われており、その土が時間とともに崩れていくことで常に変化を続け、一瞬たりとも同じ形を留めることはない。これが設置される参道は、仁和寺に参拝に来る人びとが多く通る場所である。参拝者たちが仁和寺に到着して参拝に向かう道中でフォリーを見てから、一通り参拝をして戻ってきて再びフォリーを目にするまでの間にも、形は変化する。これにより仁和寺にいた間の時間変化を視覚的に体感でき、時間というものの儚さに思いをはせることができる。

1班　千代の夢

最大の特徴は土を使用している点である。土は仁和寺の裏山から採取してきたものを使う。この土を仕上げ材として表面に塗り乾燥させる。このフォリーを体験した人々は、土が崩れていく様を見て、時間変化とその刹那性を感じることができる。

造形は、曲線的かつダイナミックなものとしている。上方向に立ち昇るような形とすることで、視線を上へ誘導し、参道という開けた空間をより意識しやすくなるようにしている。

ただ間近から眺めるだけでなく、フォリーの中を通れるようにも作っている。参道という直線的な動きの強い空間に、一つ新たなアクセントを加えている。また、フォリーの一部はくぐるだけでなく登ることもできるようにしており、一段高い位置から景色を眺めることで、仁和寺参道の空間をまた違う視点で楽しむこともできる。

班長　沖中 理帆子（東京大学 修士1年）
赤瀬 唯（奈良女子大学 3年）　　國分 宏純（京都工芸繊維大学 3年）
戸田 学志（多摩美術大学 3年）　　筒井 櫻子（北九州市立大学 3年）
松本 太樹（国立明石工業高等専門学校 4年）

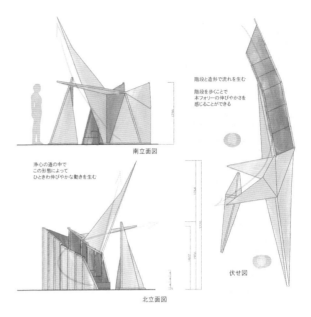

階段と造形で流れを生む

階段を歩くことで
本フォリーの伸びやかさを
感じることができる

南立面図

浄心の道の中で
この形態によって
ひときわ伸びやかな動きを生む

伏せ図

北立面図

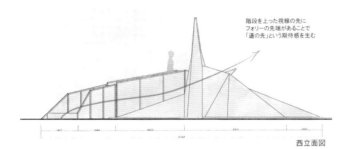

階段を上った視線の先に
フォリーの先端があることで
「道の先」という期待感を生む

西立面図

1日目｜制作の様子

2日目｜制作の様子

3日目｜制作の様子

4日目｜制作の様子

5日目｜計画地での作業と制作指導を受ける様子

6日目｜設置完了

■ 制作過程

1日目と2日目は、使用する木材の切り出しをした。事前に計算していた各部材の長さや先端角度に合わせて切り出し、部材がそろったユニットから強度を確認し、組み立てを始めた。3日目は、土を塗るための下地となる布を組みあがったユニットに巻き付ける作業を進めた。土を塗りやすくするためには布がピンと張った状態になっている

必要があるので、布を引っ張る人と固定する人で分担・協力して巻きつけていった。4日目にはついに土を塗り始めた。薄く塗り広げられるようなさらさらの質感にするために水分量を調整しながら、コテを使って塗り広げた。5日目には敷地である参道へ各ユニットを移設し、全ユニットを繋げて一つの構造物とした。

15

2班　かさなり

（規模）面積　25.0㎡　　　（構造）主体構造　竹（格子グリッドシェル）
　　　　高さ　1.8ｍ　　　　　　　素材　　トレーシングペーパー、苔

対象敷地である金堂は、二王門からの長いアプローチを抜けた先に位置する。金堂は現存する最古の紫宸殿であり、今日に至るまで大切に継承されてきた場所として人々の「祈り」の思いが結集されている。

仁和寺の裏山である成就山のコケを使うことにより、御室の地の歴史や時間の「かさなり」を感じることができる。

金堂は仁和寺の中心地であり、大きな入母屋の大きな屋根を持つ迫力のある建物でありながら、同時にはかない雰囲気を持っている。瓦の間隔や、屋根のそり、柱、御簾の格子、高欄、装飾の金具、すべての部分が繊細に構成され、全体が洗練されたプロポーションを持っている貴重な寺院建築である。建築そのものからも、仁和寺の迫力を感じることができる。金堂を目の前にして、だからこそ祈りたくなるのだろう。

「祈る」場所では、日々の喧騒から離れ、穏やかな気持ちで祈ることが良いと考える。祈りの空間に入る光を、仁和寺の歴史を感じることのできるコケを介して操る。穏やかな光が作り出す空間から目線は金堂に誘導され、己の気持ちと、祈りの対象である金堂だけに集中して向き合う空間が生み出される。フォリーを通して、「金堂の偉大さ・凄さ」を体感し、金堂だからこその祈りをする場所を作り出す。

2班　かさなり

この空間を訪れる方々に、「金堂に祈る」という体験をして欲しいと考える。そのために、金堂に向けて視線が向くような開口（入り口）の配置にした。また、「祈る場所」は「神聖な場所」と考え、その空間にいることで気持ちが安らぐような、綺麗な空間にしたいと思い、そのためには空間内の光の入り方で魅せることが良いと考えた。構造体は竹で格子状に組むことで、一つ一つの格子を窓のようにイメージした。空間内に届く光を和らげるため、構造体にトレーシングペーパーを貼る。さらに、意匠材として、仁和寺ならではの素材である「コケ」を使用する。このコケは、仁和寺の裏山から採取したものである。コケと、トレーシングペーパーを介した柔らかな光が空間に届き、心を穏やかにする。フラットな気持ちになることで、純粋な祈りを金堂に届ける。

かさなり　2班

班長　林 優希（日本大学 修士 1 年）
　　　張 銘浩（立命館大学 4 年）　　　来栖 裕也（千葉大学 3 年）
　　　西脇 莉子（東京電機大学 3 年）　小山 遥加（武庫川女子大学 3 年）
　　　木下 翔（京都美術工芸大学 1 年）

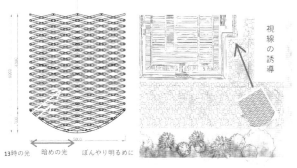

13時の光　　暗めの光　　ぼんやり明るめに

　　　　　　濃い苔　　　薄い苔

視線の誘導

1日目｜素材の採取

2日目｜地元高校生への説明

3日目｜制作の様子

4日目｜制作指導を受ける様子

5日目｜移設の様子

6日目｜設置完了

■ 制作過程

　初日は、構造体になる格子グリッドの作製と、意匠材になる苔の採取を行った。この日に、構造にかかるスラスト力が想像以上に強いという問題が発生した。2 日目はグリッドを一層組み終えた。3 日目はグリッドの 2 層目を組みはじめた。4 日目には、構造体に発生するスラスト力を解決するために、足元に竹材でできたアーチのフレームを

いれる実験をした。5 日目の移築では、構造体を固定していたインシュロックを麻ひもに変える作業が労力のいるもので大変だった。最後に意匠材の苔を載せた。苔は、根の土が予想以上に取れず、空間内からの見え方を心配したが、光が土も介して優しく空間を照らしていた光景が予想以上に綺麗だった。

2班　かさなり

3班　さとる

（規模）　面積　13.0 ㎡　　（構造）　主体構造　ラーメン構造、吊り構造
　　　　　高さ　2.6 m　　　　　　　　素材　　　木材

我々の敷地には、江戸時代に建てられた塔身 32.7m の五重塔が
そびえたっている。一際オーラを放つ五重の塔には、3 つの意味
があり、お釈迦様を祀る意味、シンボリックの意味、すべての層
にはそれぞれ五感の意味を持つ。我々はこの中の、完成された
シンボリック性、五感の中の聴覚、触覚に注目した。触ること、気
軽に中に入ることのできない五重塔は、視覚としての映像記憶の
みが残ることの方が多い。そこで私たちは、触れることのできる、
また、触れることで音の鳴る「さとる」場所を提供することに意
味があるのではないかと考えた。「さとる」場所では五重塔の神聖
さをさとるだけでなく、五感のうちの聴覚、触覚、視覚などを通
して五重塔の本来の意味をさとることを可能とする。五重塔の軒
にある風鐸 (鐘型の鈴) の音が聞こえる範囲は聖域とされることか
ら、五重塔に行くまでの道に音の鳴る建築を建て、その音を「さ
とる」ことで、五重塔を「さとる」。また、自らが建築に触れる (建
築に影響を与える) ことで音が鳴り、その音を聞くことで建築から
影響を受ける体験ができることによって新たな記憶を生み出し、
そこでの記憶をより強固なものにするのではないかと考えた。我々
は今一度、歴史的な価値のある建築物を訪れるということ、そこ
にあるのに触れられないということ、見た目だけではわからない
価値というものを考え直さなければならない。

3班　さとる

木々の中をぬって入るような動線にするために、構造体としての柱や、揺らして音が鳴る部材をランダムに配置した。五重塔に近づくにつれ、段々と天井も高くしていき、ボリュームを上げていく。構造体を見えなくするために、一つ一つの木々を積層させて柱にして構造としてもつようにし、そこから揺れる部材をぶら下げたり梁をつなげたりしている。部材の揺れは、人が床を踏み、その床とつながった柱が連動して揺れ、それと同時に吊るされた部材が揺れることで、それらがぶつかり合って音を鳴らす。また、フォリーが一部揺れ動くことで、うごめいたような不思議な音を奏でる建築になる。用いる木材はすべて、様々な用途で使い古されたものであり、班員自らが部材ごとの木材選定から切り出しまで行ったものである。

班長　小高 結衣（京都工芸繊維大学 4年）
　　　童 于倩（東京理科大学 3年）　　　松本 文典（静岡文化芸術大学 3年）
　　　白石 悠喜（徳島大学 3年）　　　　伊藤 杏香（信州大学 2年）

DIAGRAM

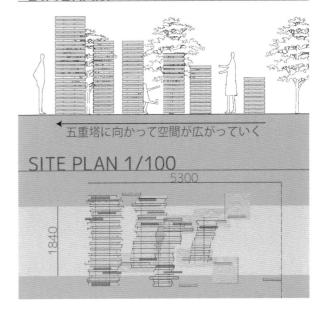

五重塔に向かって空間が広がっていく

SITE PLAN 1/100

5300

1840

IMAGE

1日目｜制作の様子

2日目｜制作の様子

3日目｜制作指導を受ける様子

4日目｜制作の様子

5日目｜移設の様子

6日目｜設置完了

■ 制作過程

　私達の班は音の鳴る建築に挑戦し、7月からモックアップを開始した。木材800パーツを自分たちの手で一つ一つ印をつけて切っていき、穴をあけていく作業に途方もない時間がかかったりと、様々な困難にぶち当たりながらも、伏見木材様やアドバイザーの方の材料提供やアドバイスなどのご協力のもと、事前準備合宿を経て仁和寺での合宿を迎えた。本番合宿では、1日目に残りの材の穴あけ、2、3日目に柱屋根の制作を行った。柱のやわさに問題があったが、間にナットを入れ締め上げる・穴の位置を工夫するというちょっとしたことで作るものが異なってくることに気づき、実際に作ることの難しさ・奥深さを感じながら作り上げていった。

27

3班　さとる

4班　鏡心

（規模）　面積　9.0㎡　　（構造）　主体構造　糸
　　　　　高さ　3.5 m　　　　　　　素材　藁紐・糸・竹

経蔵には「一切経」と呼ばれる経典が保管されている。内部の中心にある輪蔵を一周まわすと、全ての経典を読んだことになるということが伝えられているというように、特別な空間体験を伴う場所である。また、仁和寺において金堂が参拝の中心である本堂であることに対して、仏教の思想を伝えその価値を象徴する経典を納める重要な役割を果たす経蔵は、「精神性の中心」だと言える。しかし内部が非公開であることから、力を十分に発揮できていない。そこで、参拝者がこのフォリーで空を見上げ、物思いに耽る空間体験を通して精神的な中心性を示すことを提案する。

均等に円を描くように立ち並ぶ竹は求心性を持ち、参拝者を中心へと引き込む。彼らは張り巡らされた糸の間を通り、さらに中心部へとすすむ。一度屈んで、地に目を向け、地を踏みしめる。そして、宙に浮かんだ藁紐に囲まれた空間の内部で、空を見上げる。上に向かって徐々に広がる形態のフォリーが、参拝者に空へと無限に広がる空間を体験させる。ここで、仏教の教えが自分を映す鏡であり、経典を読むことが自分と向き合うことであるように、自分の存在を再認識させるような空間を提案したい。そして、紐の隙間から感じる風や音など、経蔵周辺の美しい自然環境を肌で感じる。経蔵のもとでのこの空間体験は、古都に思いを馳せるひと時を生み、参拝者の心に仁和寺での新たな体験の記憶として残り続けるのではないだろうか。

4班　鏡心

人の手さえあれば機能を引き出すことができる糸や紐という素材を使うことに挑戦したフォリーである。竹と糸の力の方向を変えることで互いに支え合う構造で成り立ち、その一本で形を変化させることができる柔軟性と不安定さを持つ糸や紐によりフォリー自体もさまざまな姿を見せる。中央の約60本の藁紐の積み重ねによって囲まれた空間は、外部から見るとまるで浮いているような神秘的かつ今までに見たことがないものであり、参拝者をフォリーの近くへ誘う。内部へ誘われた人々はフォリーに囲われて感覚の一部を制限されることで、他の感覚が空へ向けて研ぎ澄まされることを期待する。

また、祇園祭で使用し捨てる予定であった藁紐に付加価値を与えてフォリーに使用し、その後仁和寺にて使っていただくことで、素材のリユースを可能にする。

班長　田中 万尋（近畿大学 4年）
星野 倖嬉（芝浦工業大学 3年）　　岡本 晃輔（滋賀県立大学 3年）
川本 真妃（関西学院大学 2年）　　廣瀬 菜緒子（昭和女子大学 2年）

1日目｜制作の様子

2日目｜地元高校生への説明

3日目｜制作の様子

4日目｜制作の様子

5日目｜移設後の作業の様子

6日目｜設置完了

■ 制作過程

前半の日程ではまず、基礎の骨組みと柱の切りだし・穴あけ・留め具の作成をし、仮組を作成した。仮組の状態では竹が倒れてしまうため脚立を支えにし、基礎の骨組みの形を固定した。同時に、全体的な形の構成、中心である藁縄空間の検討も行った。移設の際に竹の形が崩れないよう治具で固定した。骨組み完成後、中心にある藁縄空間の作成と、竹から藁紐を地面に貼ることでアプローチの作成しを行った。移設後、留め具を用いて中央の藁紐空間の張り具合を調節した。藁縄で骨組みを巻き意匠材としても使用した。常に参拝者が目にする内部空間からの景色、導線を考えながら形を検討していった。

4班　鏡心

5班　わ

（規模）　面積　6.0 ㎡　　（構造）　主体構造　倒木
　　　　高さ　2.4 m　　　　　　　　素材　　木、綿、紐

今回私たちが計画地としたのは仁和寺の名勝である御室桜の前である。仁和寺は応仁の乱により伽藍が全壊し、江戸時代になり再建された。その際に寺を営んでいく財源を確保するために整備されたものが御室桜である。仁和寺は真言宗という密教を基とした信仰を守り続けるために、境内を大衆に開くというある種矛盾したものによって、今日までその祈りを守り続けてきたのである。御室桜によって仁和寺の「祈り」は受け継がれてきた。

御室桜の特徴として背が低いことが挙げられる。これは地中に存在する粘土質の土壌により、桜が根を張れないためであるということが近年の調査によって分かったという。桜が厳しい環境の中でも懸命に育つことによって、仁和寺は大衆の心を受け入れるような場を作り上げたのである。来訪者の中でも、この桜に目を留める人は少ない。しかし私たちはこの御室桜が、境内にある荘厳な建築物よりも自身に何か大切なものを伝えていると感じた。

普段は見えない何か大切なもの。御室桜の生命力が仁和寺に人々が居られる余白を作り続け、それによって仁和寺は今日まで存続してきた。大事なものは見えにくい。普段は見えない世界をこのフォリーによって一瞬可視化する。来訪者は見えないものに目を留め、その世界に入っていくことで仁和寺の「わ」を感じるのである。そこでの体験は日常では気にすることのない大切なものに気づくきっかけになるだろう。

5班　わ

空間を作り上げていく構造体として仁和寺周辺から得られた朽木を選び、それらを結びつけて三角錐の柱を作る。気候という不確定な要素で育っていく素材を用いることで、土の中で根が張っていくように空間に不規則な輪郭をもたらす。そして意匠材として綿を用いることで来訪者は自身の手でフォリーに触れながら、隙間を縫うように進んでいく。桜園を縮小した世界としてフォリーを体現するため、園の平面が約 40m×60m の 2：3 の比であることから平面は 2×3m とし、柱配置は桜と同じグリッド配置とした。来訪者は御室桜が自身の触覚を頼りに根を張っていくような体験をする。手から伝わる触覚、隙間から見える木漏れ日のような光。隙間を抜けた先に見た花道をみる。それらのシークエンスは決して言葉にならない体験を生む。

班長　徳家 世奈（東京電機大学 4年）
　　　古田 摩実（お茶の水女子大学 3年）　鬼塚 己生（関西学院大学 3年）
　　　平野 葵子（島根大学 3年）　　　　　佐藤 駿佑（武蔵野美術大学 2年）

立面図1:120　　　　　断面図1:120

2200　　　　　　　　2200

3000　　　　　　　　3000

平面図1:120　　　　模型写真

3000

2000

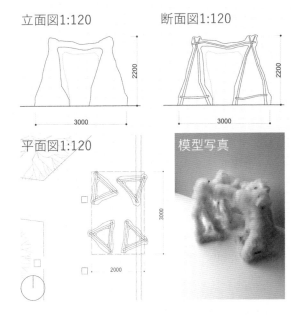

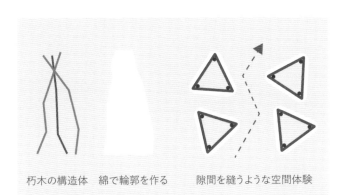

朽木の構造体　綿で輪郭を作る　隙間を縫うような空間体験

1日目｜制作指導を受ける様子

2日目｜地元高校生への説明

3日目｜制作指導を受ける様子

4日目｜制作の様子

5日目｜移設後の作業の様子

6日目｜設置完了

■ 制作過程

　綿をねじることで引張に強くなったので、そのねじったものを結び合わせることでより引張に強くなることを利用した縄を作った。その後、その縄状のものを枝で接合して面として使える材を作るなどをした。他にも綿の縄と木の枝で全体を構成しようとしたがうまくいかず思いついては失敗することを繰り返し、最終的にねじったものを四つ編みにして、

それに枝を挟むという接合部の案を作ることに成功した。

　実際の作品については四つ編みで枝を接合していき、長さが足りない部材はその都度継いでいった。それらを互いが倒れないように四つ編みで接合部を固定する。最後の一本の荷重がかかることで全体が作られていった。

5班 わ

6班　こゆるり

（規模）　面積　24.0 ㎡　　（構造）　主体構造　浮遊部分・ヘリウム／椅子部分・アク
　　　　　高さ　3.5 m　　　　　　　素材　　HDPE（高密度ポリエチレン）、アクリ

「こゆるり」という、二王門を敷地とした私たちのフォリーの名称は、仁和寺の長い歴史の間、二王門が俗世である都市と聖域である仁和寺を区切る境界として在り続け、人々が絶えずその敷居を超えてきたこと―超ゆることに由来する。二王門そばに設置したフォリーとその周辺環境全体を作品空間として、中村草田男氏による仁和寺を訪れた際の俳句「ふと涼し　しきゐを超ゆる　二王門」から着想を得て設計を始めた。

計画する過程で私たちは「ゆるり」という言葉を辿っていった。二王門、そして、フォリーにおける「ゆるり」とは何か。

フォリーはヘリウムガスと空気で浮かせた半透明の風船の大屋根と透明のスツールの空間で構成されており、木造で揺らぎのない剛体の門と向かい合い、HDPE（高密度ポリエチレン）／アクリル製のゆるりとした柔なフォリーである。

都市から二王門をくぐると、境内の中門や金堂、宇多天皇陵が点在する。一方、境内から二王門をくぐると、車が行き交う街や双ヶ丘を望む。フォリーは周辺から流れる風や人と呼応してゆらゆらと揺れ動き、俗世の都市と聖域の境内の第二の橋渡しをする。

つまり、「こゆるり」では、二王門での超ゆという通過の体験に加え、フォリーにおけるゆらぎを伴う滞留、この2つの建築体験を愉しめる。それは、訪れる人々に、この地で得られる景色や感覚の幅を拡張させ、この日だけの心に残る体験となる。

6班　こゆるり

歴史と格式のある仁和寺の二王門の下（もと）を行き交う人々へ─

　二王門での、俗世と聖域の境界線である敷居を超える唯一無二の体験に加え、今、この瞬間しか感じることのできない、儚くも旬な「通過」と「滞留」という新たな体験を促したいと考えた。

　それはどんな建築か。

　私たちは一つの解として、屋根の架かった、二王門との調和と対比が拮抗しつつ、周辺環境とは融合した、空間をつくろうと試みた。

　半透明の、ヘリウムと空気で浮かせた風船の大屋根を、二王門に対して平行に拡張し、その下には透明なアクリル製のスツールを分布した。決して動かない"剛"の門に、風や人の流れなど「今、この瞬間」の影響を内包してゆらゆら動く"柔"のフォリーとスツールの挿入は、人々が周辺の環境と呼応しながら、よりゆるやかに、敷居を超える仕掛けである。

班長　鳥飼 小華（日本女子大学 修士1年）
　　　鈴木 陽介（東京大学 3年）　　　大坪 橘平（京都大学 3年）
　　　阿部 亮介（九州大学 3年）　　　中村 美月（岡山大学 3年）
　　　瀧澤 笑（イギリス国立カーディフ大学 1年）

フォリーが周りの風景を取り込む・つなげる

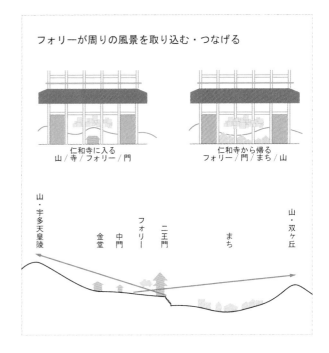

1日目｜現地作業確認の様子

2日目｜地元高校生への説明

3日目｜制作の様子

4日目｜制作の様子

5日目｜制作の様子

6日目｜設置完了

■ 制作過程

　私たちの制作は全体を通して手数の勝負、繊細な工程が多かった。まず、ポリエチレンの養生シートから風船を自作したが、熱圧着の精度がかなり求められ、作成個数もさることながら、これらの作り直しや補修にかなりの時間を要した。また、アクリル板の接着を行うためには切断面が平滑である必要があった。このため、切断面を研摩してならす作業や、安全対策のための面取りには大変苦労した。

　ヘリウムの充填に関しても検討が最後の最後まで行われた。ヘリウム分子は風船外に漏れやすい。そのため、どうやってプレゼン当日に風船の形態を維持させるのか、ヘリウムの量に制限がある中での使用量配分、注入時間を考慮することで課題解決を図った。

6班　こゆるり

7班　ゆかり

（規模）　面積　18.75 ㎡　（構造）　主体構造　木造
　　　　　高さ　2.00 m　　　　　　素材　　角材、ビス、麻紐

御影堂は弘法大師の住まいであり、訪れた人々と弘法大師が心を通わせる空間として親しまれてきた場所である。この特別な場所で、訪れた人が弘法大師生誕 1250 年という年月を感じ、その生誕に思いを馳せられるようなフォリーを表現する。主に形を作り上げるのは、一つ一つ独立した短い 45×45 の角材で、そのつなぎ目に「紐」を用いて立体的な形として立ち上げる。訪れる人と弘法大師の間も、目には見えない紐のようなもので繋いでいるかのように、つながっているかのように感じさせる。全体としては、まるで花が開くように角材を組み合わせる。こうして空間を囲い切り取ることで、包まれた空間をつくる。御影堂が塀に囲まれ他とは異なる空間を作っているように、フォリーでも御影堂との間に緩やかな境界をつくり、フォリーを通して弘法大師とのつながりを感じさせる空間を生む。角材も紐もそれだけでは一方向を向く線材であるが、いくつも繋いでいくことで一つの大きな面のように見えてくる。こうしてできた「うつわ」が、訪れる人を御影堂にとどまらせ、この特別な場所と御影堂が抱えてきた今までの月日を感じさせる。訪れる人はこのフォリーの中心に立ち、または座り、弘法大師生誕 1250 年という長く重みをもった年月に思いを馳せるだろう。そして角材が重なりつなぎ合う隙間から御影堂を見て、その奥に存在する弘法大師の存在を感じるのである。

7班　ゆかり

敷地に入るとまず、弘法大師を祝うために添えられた花のようなフォリーが御影堂の右手側に見え、訪れた人を迎える。敷地を訪れた人はフォリーを横目にまっすぐ進み、御影堂で弘法大師にご挨拶する。そして、振り返るとフォリーの入口が見え、フォリーの中へと誘われ入っていく。中に入り、訪れた人の足を止め、そこで各々が弘法大師に思いを馳せる。中で少し座って休んだり、三角形の隙間から見える景色を楽しんだりできる。内側から外側にいくにつれ密度が低くなるように角材で三角形を作りながら全体が 5m×5m ぐらいになるまで平面上で並べ、角材の小口に打ったビス同士を紐で結び固定する。そこから折り紙をクシャっとするような感じで包み込むようにしていくと、花の中心のようにやさしく包まれたような空間があらわれる。

班長　大宅 智子（広島工業大学 修士 1 年）
　　　増田 龍（東京理科大学 3 年）　　　寺北 美芙悠（神戸大学 3 年）
　　　齋藤 巧（九州大学 3 年）　　　　　阿部 遥奈（日本女子大学 3 年）
　　　井上 梨香（東京都市大学 1 年）

平面図　　　　　　　　　　　立面図

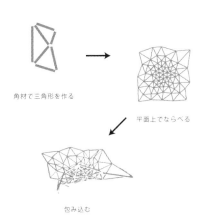

角材で三角形を作る

平面上でならべる

包み込む

敷地の入って右側に配置

1日目｜制作の様子

2日目｜地元高校生への説明

3日目｜制作の様子

4日目｜制作指導を受ける様子

5日目｜移設後の作業の様子

6日目｜設置完了

■ 制作過程

　1 日目、地面の接地面に接着させる部分のパーツを制作した。角材を切ってビスをうって紐で接合という作業を繰り返しおこなった。2 日目は前日と同じ作業を繰り返しおこなった。3 日目、8 パーツを全て完成させ、それらを図面通り配置して一面にした。各パーツをつなぎ合わせ、立ち上げてみて、応力や反力がどう働くかを計算し、試行

錯誤しながら最終的なデザインと設営のための組み立て方などを検討した。4 日目、同じく最終デザインの検討と設営の確認をした。立馬を使って形を安定させ、紐を使って固定させる作業を繰り返し行い、パーツを一旦分解させ、5 日目の設営に向けての準備を行った。

・ 7班　ゆかり

8班 紡ぐ

（規模）　面積　185.03 ㎡　（構造）　主体構造　糸
　　　　　高さ　3.00 m　　　　　　素材　糸、木材

周囲を金堂、五重塔、中門、観音堂といった偉大な建築に囲まれたこの敷地に建っているものは、何もない。しかしここに、私達は確かに「何か」を感じとったのである。

応仁の乱で一度消失した仁和寺は、160年の時を経て再建された。それは、仁和寺がこの地に存在していなかった160年の間も、人々の心の中から仁和寺が消えることなく、祈りが紡がれ続けていたからである。そのことから、建築空間という形あるものではなく、祈りを紡いでいこうとする行為そのもの、つまりは形無きものにこそ、仁和寺の核が宿っているのではないかと私達は考えた。何もないこの敷地から感じ取った「何か」。それは、仁和寺の形無き核だったのではないだろうか。

果てしなく続いている時の流れの中で、一人ひとりの命、ましてや祈るという行為はあまりにも些細である。しかし、その些細な行為が集積し、過去の祈りが今の祈りへ、今の祈りが未来の祈りへと紡がれていくことで、祈りは人の一生を超える永く続くものとなる。私達は祈りを通じて、過去や未来と、名も知らない誰かと、確かに繋がっているのである。しかしそれは、紡ぐという流れの只中にいては感じることができず、私達にできることは紡がれたものを振り返るだけである。そんな、捉えることができず儚い、しかし確かに存在している仁和寺の形無き核を、この一日だけ建築空間として形にする。

8班 紡ぐ

些細な行為の集積によって祈りが紡がれていくというコンセプトから、煌めく糸を用いて空間を作ろうと考えた。日の光を受けて刻々と変化する糸は儚く、一本だけでは目に映りづらいが、何本も集積することで面になり、確かな存在となる。そんな糸を空へ向かって広がるような形に木々の間に張ることで、紡がれた祈りが未来へ無限に繋がっていくような、先を想像させる空間とした。

また、参道を歩く中でフォリーと人との距離が変化していくことに注目し、遠くから見ると糸が密に見えるが、フォリーの中に入って糸を見ると疎に見えるように糸の間隔を設定した。これにより、フォリーの中にいる時には実体として掴めない空間が、フォリーを通り抜けて金堂や五重塔から振り返って見た時にはっきりと見え、確かに自分はこの空間にいたと感じられる。

班長　櫻井 康平（長岡造形大学 修士1年）
吹留 史恵（鹿児島大学 4年）　　　岡野 優英（多摩美術大学 3年）
武本 流碧（岡山大学 2年）　　　　藤井 七星（金沢美術工芸大学 2年）

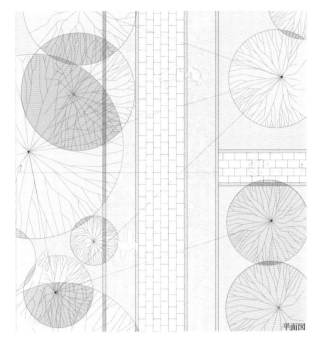

平面図

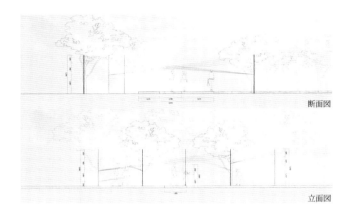

断面図

立面図

1日目｜制作の様子

2日目｜制作の様子

3日目｜制作の様子

4日目｜制作の様子

5日目｜制作指導を受ける様子

6日目｜作品説明の様子

■ 制作過程

　1日目は、角材に糸を掛けるための溝をノコギリで入れた。また、角材を作業場所に配置し、アドバイザー方々と形状を再検討した。2日目には、当初の糸の配置が単調すぎると結論づけ、蜘蛛の巣のように立体的に糸を張る配置に決定した。また、計画地の景観に角材が調和しないことを考慮し、仁和寺で伐採された枝に代替することとした。3日目に

は、早朝から枝の選抜を行い、計画地で測量を行った。これに基づいて作業場で糸を事前に張る作業を行った。4日目には、できるだけ多くの糸を結んで密度を増やした。5日目には、朝から制作物を計画地に移設し、実際に枝を木に結びつけて配置し、糸を張る作業を行った。

8班　紡ぐ

9班　滲静

| （規模） | 面積 | 18.0 ㎡ | （構造） | 主体構造 | 木材 |
| | 高さ | 3.0 m | | 素材 | 木材、鉋材 |

我々の敷地である勅使門とは、天皇の使者である勅使と呼ばれる天皇が出先機関の儀式に臨席できない場合、地方の寺社へ参詣する際などに、天皇の使者として赴く者にのみ開かれる門であり、一般には開かれることのない門である。奥には天皇の住まいや庭園が広がっているとされるが、門は静かに佇み閉ざされている。奥には神聖で格式高い風情ある未知の空間が広がっているのではないだろうか。勅使門は全体的に細かい鳳凰、牡丹唐草、宝相華唐草模様が欄間などに施されており、透かし彫りと呼ばれる古典的なモチーフと近代的な幾何学文様が混在した彫刻装飾が特徴的である。設計者の亀岡末吉は光と影を意識していて、向うからの光を通して見ることで、透かし彫りが浮かび上がるようにデザインされている。奥の空間は透かし彫りの隙間からしか感じ取ることができない。そこで、透かし彫りから奥の神聖な空間が滲みだしているオーラのイメージを建築へと形にすることを目指す。滲み出すオーラはフィルター状に気体のように透明感があることで、儚さや柔らかさを表現しており、勅使門や訪れた人の姿をぼやかし曖昧にすることで、人はよりその先を知りたいと思い「神聖」へ誘われる。「滲静」は勅使門から滲み出す高貴や儚さを表現しながら、訪れた人に勅使門の歴史や奥の空間を静かに語りかける。勅使門にある透かし彫りを最後のフィルターにして、訪れた人は奥の神聖さの想像を膨らませながら空間を体感する。他の敷地にはない、この場所でしか体験できない作品であり、勅使門自体も取り入れることで新たな体験空間となる。

9班　滲静

オーラが滲み出す様子を表現すべく、屋根部分にはレシプロカル構造を用いて曲面を作り出すこととした。またこの曲面は、構造の接合方向を部分的に変化させることで振幅を生み出しオーラの流動性を可視化。振幅によって生まれた高さの変化を利用し、透彫からの流れに調和させながら入り口方向に高さを設けたことで、人々が惹きつけられるような形状を設計した。

柱は3本という少ない本数でいかに屋根を持たせるか重点的に検討を行い、基礎の設計やモックアップの制作を重ねた。オーラに惹き込まれた瞬間に見える柱の見え方と、内部空間から見える柱の見え方は変化し、柱の形状自体も3種類でそれぞれ異なる形状である。これは、鉋材の揺れ方が一つ一つ異なることから着想を得た。

材は水で濡らし、一つ一つアイロンをかけて真っ直ぐに伸ばしている。

concept

Kotaro Kataoka　Arisa Oyaizu　Ibuki Hosoda　Sanako Michinobu　Sedo Kawamukai

班長　片岡 晃太朗（近畿大学 修士1年）
　　　小柳津 有彩（長岡造形大学 3年）　　細田 伊吹（関東学院大学 3年）
　　　道信 佐菜子（奈良女子大学 2年）　　川向 世瞳（神戸芸術工科大学 2年）

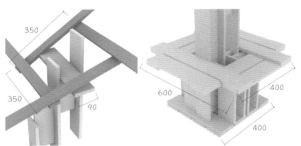

1日目｜資材搬入の様子

2日目｜地元高校生への説明

3日目｜制作の様子

4日目｜制作の様子

5日目｜制作指導を受ける様子

6日目｜設置完了

■ 制作過程

1日目に発注した材の確認とカットを行った。アドバイザーの方に工具の扱い方やビスの打ち方などを教えていただき、材を切り切った。2日目は屋根の構造材を組み始めた。実施制作の段階では接合部をビスで固定する予定だったが、より全体との親和性を高めるために、鉋材を編み込むことで紐を形成し、それを結ぶことで接合材としての役割を与え、同時に柱材の制作を開始した。4日目にはすべての材を組み終えて、仮組を行った。そこから柱の補強や弱部分を修正し、鉋の繊維方向をそろえるディテールを詰めていった。屋根の構造材や柱材、鉋のオーラなどが一体的に見えるような工夫を施していく。

9班　滲静

10班　X

（規模）　面積　7.0㎡　　（構造）　主体構造　レシプロカル構造
　　　　　高さ　2.4 m　　　　　　　　素材　　　35mm 角材、麻ひも

我々は神仏の歴史的関係をメタファーとし、実像と水面に映る虚像との関係を知覚できるような建築を提案する。

本敷地は仁和寺の中でも他と少し違った性質を持つ場所である。九所明神には寺の中でありながら、神様が祀られている。それにより、仁和寺内他の場所と雰囲気が違っている。我々は九所明神とその拝殿に挟まれた場所を複数の要素や意味の交差する場所であると読み取った。そうだとすると、そこで成立する建築は強い一つの空間ということではなく、複雑な現象を起こすようなものが相応しいのではないか。敷地いっぱいに水盤を張ることで、そのコンテクストに応えるように実像と虚像の複雑に関係する空間になるのではないかと考えた。その水盤は非常に薄く張ることで、単に眺めるものではなく、歩いて水の音や動きを感じることのできるものとした。

また、水盤の上にはドーム状の建築が建ち上がる。ドームは水盤の中心から生え上がり、外側に向かって枝が垂れるように広がる。木でできたドームが水盤に影を落とし、その上を人が歩くことになる。水盤の上を歩くことで、落ちた影や反射して現れた虚像が歪められていく。1日限りの木と紐によって作られた建築であるが、通りから少し外れた奥まった敷地の中で静かに佇むその様子と、空間の中で起こる複雑な体験はこの敷地の意味を大きく変えることができるのではないかと思う。

我々は九所明神と拝殿の間に位置する敷地に、水盤と木でできたドーム型のフォリーを設置する。

水盤は、地面を10cm程度掘削し、防水シートを敷く。その上にベニヤ板を重ね、土をかぶせることで実現する。水は1cm程度と浅く全体に張ることで、靴で水上を歩くことができるようになっている。水盤の半径は約4.5mとフォリー全体が収まる大きさとなっており、水に浮かぶフォリーを演出する。フォリー本体は、35mm角材を切ったものを麻紐で括ることでユニットを作り、それらをさらに紐で結び合わせることでドーム形状を実現する。水盤の中心から外側に生え上がるように木のユニットを広げ、一部地面まで垂れてくるようにデザインしている。フォリーの中は外と中が連続するような空間であり、水盤がさらにその曖昧さを強調する。

班長　阿部 槙太郎（滋賀県立大学 4年）
本多 加依（東洋大学 3年）　　森川 詩織（日本大学 3年）
金光 陸（早稲田大学 2年）　　宮本 泰幸（神戸大学 2年）

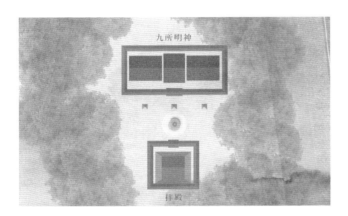

ダイアグラム

拝殿と九所明神の関係を交差する空間に柱が立つ　水盤をはり、実像と虚像との関係を知覚　人を取り巻く枝垂れるように広がる木のベール　複雑な現象を引き起こす空間が完成

1日目｜制作の様子

2日目｜地元高校生への説明

3日目｜制作の様子

4日目｜制作の様子

5日目｜制作指導を受ける様子

6日目｜作品説明の様子

■ 制作過程

我々の作業工程は大きく、木組みによるフォリー本体と水盤の設置のふたつの工程で行った。初日から3日目までは角材を麻ひもで結び、三角形ユニットを作った。それらユニット同士をまた麻紐で括り、曲面を構成していく。ユニットを制作する段階までは、順調に進んだが、制作したユニット同士を接合した際に生じた曲面が、目指しているものと違い、その形態をコントロールするのに苦戦した。ユニットの形を変形して幅を変えていくことで、曲面の形を制御することに成功した。水盤の制作は4日目の夕方頃しか現地での作業ができないため、作業場所でのモックアップを行い、水盤断面の検討等を行った。

10班　X

仁和寺 御室会館 2Fホール
9月13日（水）12：20〜16：00

地元高校生×全国大学生 交流会

地元高校生に向けて、公開プレゼンテーションの予行演習ともなる発表を行いました。実寸でのフォリー作成の現場をご覧いただいた後、作品完成までのプロセスを発表し、高校生から率直な意見をいただきました。

開催の様子

制作現場で説明を受けながら見学①

制作現場で説明を受けながら見学②

制作現場で高校生へ素材の説明

仁和寺執行長・大林様によるミニレクチャー

高校生からの質問

高校生代表から感想

京都府立洛北高等学校 川口校長より総評

京都府立宮津天橋高等学校 深田校長より総評

京都府教育庁指導部高校教育課 藤田首席統括指導主事より総評

講評者｜建築学生ワークショップ仁和寺２０２３

２０２３年７月１５日（土）提案作品講評会
２０２３年９月１７日（日）公開プレゼンテーション

建築・美術両分野を代表する評論家をはじめ、第一線で活躍されている建築家や世界の建築構造研究を担い教鞭を執られているストラクチャー・エンジニアや、コミュニティデザイナーによる講評。また、近畿二府四県の大学で教鞭を執られ、日本を代表されるプロフェッサー・アーキテクトにご参加いただきました。

石川勝（いしかわまさる）大阪・関西万博 会場運営プロデューサー

1963 年札幌市生まれ。プランナーとして博覧会や展示会を数多く手掛ける。2005 年愛知万博ではチーフプロデューサー補佐として基本計画、ロボットプロジェクト、極小 IC 入場券等をプロデュース。ロボット技術、コンテンツ技術に専門性を持ち、2006年から10年間、東京大学IRT研究機構で産学連携事業に従事。経済産業省「今年のロボット大賞」事務局で「技術戦略マップ（コンテンツ分野）」委員等を歴任。現在株式会社シンク・コミュニケーションズ代表取締役、大阪公立大学客員教授。

太田伸之（おおた のぶゆき）日本ファッションウイーク推進機構・実行委員長

1953 年三重県生まれ。77 年明治大学卒業後ニューヨークに渡り、8 年間ファッションジャーナリストとして活動。85 年東京ファッションデザイナー協議会設立のため帰国、10 年間東京コレクションを運営。その後百貨店やデザイナー企業の経営に携わり、政府が新設した官民投資会社クールジャパン機構の社長を 5 年間務めて退任。現在、東京コレクションを運営する日本ファッションウイーク推進機構理事・実行委員長としてデザイナーたちを支援している。

前田浩智（まえだ ひろとも）毎日新聞社 主筆

1960 年北海道生まれ。1986 年毎日新聞社入社。政治部記者となり、首相官邸、自民党、公明党、厚生労働省、外務省などを担当し、細川護熙政権以降の政治を取材した。小泉純一郎政権では首相官邸キャップを務めた。千葉支局長を経て、政治部長、編集編成局次長、論説委員長を歴任し、2021 年 4 月から主筆。ＴＢＳの情報番組「あさチャン！」やBS-TBS の「報道１９３０」にコメンテーターとして出演。日本記者クラブ理事長。

建畠哲（たてはた あきら）美術評論家 / 埼玉県立近代美術館 館長

1947 年京都生まれ。早稲田大学文学部フランス文学科卒。国立国際美術館長、京都市立芸術大学学長、多摩美術大学学長などを経て、現在、埼玉県立近代美術館長、全国美術館会議会長、ベネチア・ビエンナーレ日本コミッショナー、横浜トリエンナーレ、あいちトリエンナーレ、東アジア文化都市―京都などの芸術監督を歴任。オーストリア国家栄誉賞受賞。詩人としては歴程新鋭賞、高見順賞、萩原朔太郎賞を受賞。

南條史生（なんじょう ふみお）美術評論家 / 森美術館 特別顧問

1949 年東京生まれ。慶應義塾大学経済学部、文学部哲学科美学美術史学専攻卒業。国際交流基金等を経て 02 年より森美術館副館長。06 〜 19 年まで館長。19 年 12 月より現職。過去にヴェネツィアビエンナーレ日本館(1997)及び台北ビエンナーレコミッショナー(1998)、ターナープライズ(英国)審査委員(1998)、横浜トリエンナーレ 2001 及びシンガポールビエンナーレアーティスティック・ディレクター(2006/2008)等を歴任。16 年、総合ディレクターとして初の茨城県北芸術祭を成功に導く。17 年は 3 月〜 5 月開催のホノルルビエンナーレキュラトリアル・ディレクターを務める。

五十嵐太郎（いがらし たろう）建築史家・建築評論家 / 東北大学 教授

1967 年生まれ。1992 年、東京大学大学院修士課程修了。博士（工学）。現在、東北大学教授。あいちトリエンナーレ 2013 芸術監督、第 11 回ヴェネチア・ビエンナーレ建築展日本館コミッショナー、「戦後日本住宅伝説」展監修、「3.11 以後の建築展」ゲストキュレーター、「みんなの建築ミニチュア展」プロデュースを務める。第 64 回芸術選奨文部科学大臣新人賞を受賞。『日本建築入門 - 近代と伝統』(筑摩書房)ほか著書多数。

倉方俊輔（くらかた しゅんすけ）建築史家 / 大阪公立大学 教授

1971 年東京生まれ。早稲田大学理工学部建築学科卒業、同大学院博士課程修了。伊東忠太の研究で博士号を取得後、著書に「神戸・大阪・京都レトロ建築さんぽ」、「東京モダン建築さんぽ」『吉阪隆正とル・コルビュジエ』『伊東忠太建築資料集』ほか多数。日本最大級の建築公開イベント「イケフェス大阪」、品川区「オープンしなけん」、Sony Park Project に立ち上げから関わる。主な受賞に日本建築学会賞（業績）（教育貢献）ほか。

腰原幹雄（こしはら みきお）構造家 / 東京大学 教授

1968 年千葉県生まれ。2001 年東京大学大学院博士課程修了。博士（工学）。構造設計集団〈SDG〉を経て、12 年より現職。構造的な視点から自然素材の可能性を追求している。土木学会デザイン賞最優秀賞、日本建築学会賞（業績）、都市住宅学会業績賞など多数の賞を受賞している。主な著書「日本木造遺産」（世界文化社）、「都市木造のヴィジョンと技術」（オーム社）、「感覚と電卓でつくる現代木造住宅ガイド」（彰国社）などがある。

櫻井正幸（さくらい まさゆき）旭ビルウォール 代表取締役社長

1960 年生まれ。1983 年千葉大学建築工学科卒業。1985 年千葉大学大学院理工学研究科建築学専攻修了。1985 年旭硝子株式会社入社 中央研究所。1990 年旭硝子ビルウォール株式会社の創立により出向。2007 年旭ビルウォール株式会社（株式譲渡による社名変更）常務取締役。2014 年旭ビルウォール株式会社代表取締役社長、現在に至る。

佐藤淳（さとう じゅん）構造家 / 東京大学 准教授

1970 年愛知生まれ。00 年佐藤淳構造設計事務所設立。東京大学准教授（AGC 寄付講座）。作品に「共愛学園前橋国際大学 4 号館 KYOAI COMMONS」「プロソリサーチセンター」「武蔵野美術大学美術館・図書館」「地域資源活用総合交流促進施設」「ヴェネチアビエンナーレ 2008」著書に「佐藤淳構造設計事務所のアイテム」。建築家との協働で、数々の現代建築を新たな設計理念によって実現させてきた。

陶器浩一（とうき ひろかず）構造家 / 滋賀県立大学 教授

1962 年生まれ。86 年京都大学大学院修了。86 〜 2003 年日建設計。03 年滋賀県立大学助教授 06 年教授。主な作品：キーエンス本社研究所、愛媛県歴史文化博物館、愛媛県美術館、兵庫県芸術文化センター、積層の家、清里アートギャラリー、澄心寺庫裏、海光の家、半居、福良港津波防災ステーション、竹の会所、さとうみステーションなど。受賞：JSCA 賞、Outstanding Structure Award (IABSE)、松井源吾賞、日本建築学会賞（技術）、日本建築大賞、日本建築学会作品選奨など。

芦澤竜一（あしざわ りゅういち）建築家 / 滋賀県立大学 教授

1971 年神奈川県生まれ。94 年早稲田大学卒業。94〜00 年安藤忠雄建築研究所勤務。01 年芦澤竜一建築設計事務所設立。2015 年より滋賀県立大学教授。主な受賞歴として、日本建築士会連合会賞、サスティナブル住宅賞、JIA 環境建築賞、ＳＤレビューＳＤ賞、渡辺節賞、芦原義信賞、LEAF AWARD,ENERGY GLOBE AWARD、FuturArc Green Leadership Award など。

遠藤秀平（えんどう しゅうへい）建築家 / 遠藤秀平建築研究所 主宰

1960 年滋賀県生まれ。1986 年京都市立芸術大学大学院修了。1988 年遠藤秀平建築研究所設立。2004 年ザルツブルグサマーアカデミー教授。2007〜21 年神戸大学大学院教授。主な受賞歴：1993 年アンドレア・パラディオ国際建築賞、2000 年 第 7 回ヴェネツィアビエンナーレサードミレニアムコンペ金獅子賞、2003 年芸術選奨文部科学大臣新人賞、2004 年第 9 回ヴェネツィアビエンナーレ特別金獅子賞、2012 年日本建築家協会賞、2015 年公共建築賞、2016 年日本建築学会教育賞。

竹原義二（たけはら よしじ）建築家 / 神戸芸術工科大学 客員教授

1948 年徳島県生まれ。建築家石井修氏に師事した後、1978 年無有建築工房設立。2000〜 13 年大阪市立大学大学院生活科学研究科教授。15〜 19 年摂南大学理工学部建築学科教授。現在神戸芸術工科大学客員教授。日本建築学会教育賞・村野藤吾賞・都市住宅学会業績賞・こども環境学会賞など多数受賞。住まいの設計を原点に人が活き活きと暮らす空間づくりを追求している。著書に「無有」「竹原義二の住宅建築」「いきている長屋」(編著)「住宅建築 三人三様の流儀」(共著)。

長田直之（ながた なおゆき）建築家 / 奈良女子大学 教授

1968 年名古屋生まれ。90 年福井大学工学部建築学科卒業。90-94 年安藤忠雄建築研究所。94 年 ICU 一級建築士事務所設立。2002 年文化庁新進芸術家海外留学制度研修によりフィレンツェ大学留学。2007 年より東京理科大学非常勤講師、2008 年より奈良女子大学住環境学科准教授に着任、現在に至る。2016 年、横浜国立大学 Y-GSA 先端科学研究院特任准教授。主な受賞歴として 2014 年 "Yo" にて JIA 新人賞。他、JIA 関西建築家新人賞、95, 96, 99 SD レビュー入選など。

平田晃久（ひらた あきひさ）建築家 / 京都大学 教授

1971 年大阪府生まれ。1994 年京都大学工学部建築学科卒業。1997 年京都大学工学研究科修了。伊東豊雄建築設計事務所勤務の後、2005 年平田晃久建築設計事務所を設立。2015 年より京都大学准教授。現在教授。主な作品に、「桝屋本店」(2006)、「Bloomberg Pavilion」(2011) 等。第 19 回 JIA 新人賞(2008)、Elita Design Award(2012)、第 13 回ベネチアビエンナーレ国際建築展金獅子賞(2012、日本館)、日本建築学会賞(2022)等受賞多数。

平沼孝啓（ひらぬま こうき）建築家 / 平沼孝啓建築研究所 主宰

1971 年 大阪生まれ。ロンドンの AA スクールで建築を学び、99 年平沼孝啓建築研究所設立。主な作品に、「東京大学くうかん実験棟」や「D&DEPARTMET PROJECT」などの建築がある。主な受賞に、日本建築士会連合会賞や日本建築学会作品選奨、イノベイティブ・アーキテクチュア国際賞（伊）やインターナショナル・アーキテクチャー・アワード（米）、日本建築学会教育賞など、国内外でも多数の賞を受賞している。

藤本壮介（ふじもと そうすけ）建築家 / 藤本壮介建築設計事務所 主宰

1971 年北海道生まれ。東京大学工学部建築学科卒業後、2000 年藤本壮介建築設計事務所を設立。2014 年フランス・モンペリエ国際設計競技最優秀賞（ラルブル・ブラン）に続き、2015、2017、2018 年にもヨーロッパ各国の国際設計競技にて最優秀賞を受賞。2019 年には津田塾大学小平キャンパスマスタープラン策定業務のマスターアーキテクトに選定される。主な作品に、ロンドンのサーペンタイン・ギャラリー・パビリオン 2013（2013 年)、House NA（2011 年）、武蔵野美術大学 美術館・図書館 2010 年）、House N（2008 年）等がある。

安井昇（やすい のぼる）建築家 / 桜設計集団一級建築士事務所 代表

1968 年京都市生まれ。1993 年東京理科大学大学院（修士）修了。積水ハウスを経て、1999 年桜設計集団一級建築士事務所設立。2004 年早稲田大学大学院（博士）修了。博士（工学）。木造建築の設計、木造防耐火に関する研究・技術開発・コンサルティングを行う。2007 年日本建築学会奨励賞（論文）受賞。2016 年ウッドデザイン賞林野庁長官賞受賞。主な著書に「世界で一番やさしい木造 3 階建て（共著）」（エクスナレッジ、2010 年）。

安原幹（やすはら もとき）建築家 / 東京大学 准教授

1972 年大阪府生まれ。東京大学大学院修士課程修了。山本理顕設計工場勤務を経て 2008 年 SALHAUS を共同設立、設計活動を行う。主な作品に群馬県農業技術センター、陸前高田市立高田東中学校、大船渡消防署住田分署などがある。東京理科大学准教授を経て現在、東京大学大学院准教授。BCS 賞 (2014)、日本建築学会作品選奨 (2015、2019)、グッドデザイン金賞 (2017) 等を受賞。

横山俊祐（よこやま しゅんすけ）建築家 / 大阪公立大学 客員教授

1954 年生まれ。1985 年 東京大学大学院工学系研究科 建築学専攻博士課程修了。同年 熊本大学工学部建築学科助手。2004 年大阪市立大学大学院助教授。2005 年より現職。主な著書：「住まい論（放送大学教育振興会）」「これからの集合住宅づくり（晶文社）」等。主な作品：「大阪市立大学高原記念館」「水上村立湯山小学校」「八代市営西片町団地」等。

吉村靖孝（よしむら やすたか）建築家 / 早稲田大学 教授

1972 年愛知県生まれ。97 年早稲田大学大学院理工学研究科修士課程修了。99 年〜01 年 MVRDV 在籍。05 年吉村靖孝建築設計事務所設立。18 年〜早稲田大学教授。主な作品は、窓の家(2013)、中川政七商店旧社屋増築(2012)、鋸南の合宿所(2012)、中川政七商店新社屋(2010)、Nowhere but Sajima(2009)、ベイサイドマリーナホテル横浜(2009)等。主な受賞は、JCD デザインアワード大賞、日本建築学会作品選奨、吉岡賞ほか多数。主な著書「ビヘイヴィアとプロトコル」、「EX-CONTAINER」、「超合法建築図鑑」等。

式辞｜建築学生ワークショップ仁和寺 2023

開催日時：2023年9月17日（日）9：20～18：00
開催場所：「仁和寺 二王門北側」

開会の挨拶

（2023年 開催地）
仁和寺執行長

　本日は皆様ご多用の中、このようにお暑い中お集まりいただきましてありがとうございます。今年は弘法大師空海が誕生されて、1250 年という年にあたります。私ども真言宗の寺院にとりましてこの誕生という年は大変大きな意味をもっておりまして、ここ仁和寺でも、6 月に一週間にわたって、午前午後とずっとお勤めをして参った、そんな年であります。そのような年に建築学生ワークショップを開催していただいたということ、これも何かのご縁だと思っております。ご承知のように仁和寺というお寺は、弘法大師空海からの教えをいただいた宇多天皇様がお建てになったお寺です。そして宇多天皇が非常に仏教、密教に帰依し、実際に退位なさった後法皇になられた、つまり、出家して得度してお坊さんになられてそしてここに住まわれて、毎日修法をされたと伝えられております。それから天皇家にゆかりのある、天皇の子供、孫、兄弟、親族である方たちが三十代、千年にわたって、住職を務めてきたお寺でございます。仁和寺の特徴といえばいわゆるこのお寺の部分、つまり堂塔伽藍の立ち並ぶ部分と、隣接するここから向こうの塀の部分、つまり御殿と呼ばれている歴代御門跡が住まいをし、生活をし、そしてまた多くの方と会われた、いわば迎賓館的な文化サロン的なそんな性格を持っている場所が融合したのがこの仁和寺ということになります。したがって一つの寺ということにはなかなか収まらない、そんな空間、そんな雰囲気を湛えているお寺かなと私どもは理解しております。そのような中で仁和寺を中心とした文化が生まれて参りました。江戸時代には野々村仁清や尾形光琳、尾形乾山という人たちがこの近所を出入りしていたと言われております。今日のこの AAF の一つの事業をきっかけとして建築という文化もこの仁和寺に反映できるのかなと私共は期待をしております。皆さんには様々な大いなる可能性があります。そういう中で是非ともこの体験を活かしていっていただきたいなと思っております。今回の建築学生ワークショップに参加されました参加学生の皆さん、本当にお疲れ様でした。傍から見ておりましても、寝る間も惜しんで、そしてまた皆さんと時には真摯な意見を交わし、時には柔らかな会話をしながら、進めておられましたのを間近で見ておりまして、若いっていいなと、改めて思いました。そして主催をされた AAF の全スタッフの皆さん、協賛、後援いただいた各企業の皆様、そして講評をいただく多くの先生方、いわば産業界と学界と官公庁ですね、産・学・官の協調とよく言われていますけれども、そういう人たちが支えてくださいました。それにもうひとつ加えて、ほしいのですね。宗教界も協力しております。産・学・官・宗で、この事業が成り立っているのではないかなと思います。建築を通じて新たな文化の花が咲きますこと、そのきっかけになれば誠に幸いに思っております。普段は仁和寺、大変静かなお寺です。心洗う空間として仁和寺は存在しています。時々このように大きなイベントごとがございます。そうして仁和寺を知り、そしてまた仁和寺に触れていただく。今日もそのいいきっかけになればと思っております。来月 17 日・18 日、御殿で将棋の竜王戦第二局というものがございます。藤井聡太竜王と伊藤匠七段、お二人共二十歳だそうです。参加学生の皆さんとあまり歳の変わらない若い人たちがここで勝負をするわけであります。仁和寺にこのような若い力、フレッシュな力を持った方たちにたくさん出入りをしていただいて、誠にありがたいなと思っております。今日は大変暑い中ですけれど、ご体調に十分注意なさっていただいて、一日どうぞよろしくお願いいたします。

大 林 實 温

祝辞｜建築学生ワークショップ仁和寺 2023

開催日時：2023年9月17日（日）9：20～18：00
開催場所：「仁和寺 二王門北側」

ご挨拶

（2023年 後援）
京都府知事

　建築学生ワークショップ仁和寺 2023 の開催を心からお喜び申し上げますと共に、京都にお越しいただきました皆様を歓迎いたしたいと思います。また、仁和寺はじめ、開催にご尽力いただきました皆様にも深く敬意を申し上げます。

　今年が弘法大師空海の生誕 1250 年ということで開催地に選ばれたと聞いておりますけれども、京都にとりましても今年の 3 月に文化庁が移転をしてきた本当に記念すべき年、文化の都・京都の実現に向けた第一歩を踏み出した年であります。京都の魅力の源泉は、千年以上受け継がれてきた文化が、今もこの京都の生活に根付いていることです。この仁和寺をはじめとした社寺もそれが単に文化財として残っているだけではなく、その場において日々宗教活動をはじめ、様々な営みが行われておりますし、茶道や華道も単なるお稽古事ではなく、行催事には不可欠であり、和装・和食もまだまだ生活に残っておりますが、それを街として千年以上受け継がれてきて、しかもそれが今も活動している。その全ての文化活動の基盤が、私はおそらく建築物を含む建築空間ではないかなと思っております。このワークショップの理念、コンセプトが、地域の歴史と文化を学んで、そして地域性と場所性を読み解いた上で、地域の資材などを使って作品を作り上げるということですが、この京都において地域性を読み解くということは、まさに京都の文化を感じていただいたことに他ならないのではないかというふうに思っております。先ほど短時間ですけれども作品を見させていただきました。まさにそうしたコンセプトにふさわしい、素晴らしい作品の数々でございました。京都の魅力はいっぱいあります。先日京都府庁の旧本館にカフェをオープンした時に常盤貴子さんがお越しになられましたが、記者から京都の魅力は何かと問われ、この暑さかなとおっしゃっておられました。最近は京都だけではなくて日本列島どこも暑いのですけれども、今日の暑さも 9 月にしては異常ではありますが、京都の魅力としてお許しをいただきましてお楽しみをいただきたいと思います。学生の皆さんはくれぐれもこれから発表審査という重要な局面がありますので、熱中症にならないように注意しながら、自分の出番に全力を尽くしていただきたいなと思っております。

　次回の開催は醍醐寺ということですが、醍醐寺ではもう 2 回に渡りまして大阪関西万博に向けて機運醸成京都ラウンドテーブルが行われております。いのち輝くためには、衣食住だけではなく精神性、文化が必要だということで行われているワークショップでございます。こちらの建築学生ワークショップは来年醍醐寺で開催、再来年には大阪・関西万博が開催されるということで、是非、建築や建築空間を含めた文化がますます振興されることを心から祈念いたしましてご挨拶とさせていただきます。

西 脇 隆 俊

ご挨拶

（２０２３年 後援）
京都市長 門川大作

　全国から意欲溢れる学生さんが集われ、聖地とされる場所と一流の講師陣の下、建築の未来の担い手を育てる「建築学生ワークショップ」が、弘法大師空海の生誕 1250 年の節目を迎える本年、お大師様ゆかりの京都・仁和寺で開催されることを誠に嬉しく思います。宗教都市としての特性がもたらす奥深い精神文化が息づく京都。数多くの歴史ある建築物や美しいまちなみ景観の保全に取り組む京都市としても、本ワークショップの開催は非常に心強く、また、開催に御尽力の平沼孝啓代表理事をはじめ、開催地の仁和寺、すべての関係者の皆様に深く敬意を表します。

　本日は、気温も高いですが、熱気も高まっているなと感じています。京都市は 2007 年、前市長の時に、6 つの景観条例をつくりました。周りを見ていただきますと、例えばこの仁和寺からは仁和寺以外の人工的なものが一切見えないですね。将来にわたって見えません。仁和寺をはじめ、御所や円通寺などの 40 を超える視点場からは自然の景観しか見えないなど、徹底して景観を守っています。東京では、例えば皇居から周りを見ますとビルだらけですが、京都ではそういうことは絶対しないという、全国でも唯一、世界でも珍しい「眺望景観創生条例」です。京都の千年を超える悠久の歴史、これは祈りと学問、文化、そして建築の歴史だったと言っても過言ではないと思います。この京都らしさをどのように維持・発展させていくのか、そのために多くの方々が大変な尽力をいただいてきたのかということをご紹介させていただきます。景観条例の 6 つのうちの 1 つが屋外広告物です。約 32,000 の建物からチカチカ光る看板、赤い看板、あるいは屋上の看板など、すべて撤去・是正していただきました。こういうことが決まるまでは、侃々諤々の議論がありますが、決まれば皆さんに実行していただける。これが京都らしさ、京都の素晴らしさだと思います。そして、この素晴らしい景観や建築を、いかにして次の世代に引き継いでいくのか、そうしたことも含めた取り組みを行っておられる建築学生ワークショップであると思います。

　さて、文化庁が機能を強化して京都に全面的に移転してまいりました。それに合わせて、京都市もより一層文化を基軸とした都市経営に魂を入れようと、日本で最初に創設された芸術大学である京都市立芸術大学が本年 10 月に京都駅東隣の崇仁地域に移転いたします。2 日前まで日本建築学会大会が 60 年ぶりに京都で開催されていましたが、300 人の専門家等に京都芸大を視察いただき、高い評価を頂きました。京都のお寺や神社、京町家では、折れ、反り（そり）、むくりという屋根の形が特徴的ですが、それを現代に生かしていこうという工夫もされております。そして、崇仁の地に京都芸大が移ることで、周辺地域も含めて画期的な変化が見られます。地域の活性化へ、京都芸大の与える影響の偉大さを改めて実感しています。ぜひ、お帰りの際にご覧いただければ有難いです。建築の未来は京都の、そして日本の未来であると考えています。宜しくお願いします。

　結びに、本日の公開プレゼンテーションが、参加者の皆様の輝かしい未来につながることを祈念いたします。

門 川 大 作

公開プレゼンテーション会場の様子

京都銀行・頭取 安井幹也

京都中央信用金庫・理事長 白波瀬誠

安井幹也・理事長 榊田隆之

住友林業・代表取締役会長 市川晃

腰原：賞を取った班の方たち、おめでとうございます。しかし紙一重だったと思います。何が差をつけたのかというと、最後の悪あがきをしたかどうかだと思うのです。現場でどこまで悪あがきをしたのか、その少しの差がおそらく、受け手側の気持ちに代わってくるのではないかなと思います。悪あがきができるということは、それまでに、いかにどれだけ武器を身に着けるか、試行錯誤を繰り返しているかということによりますが、構造の面で言えば、力学に基づいていた構造システムさえ理解していれば、多少変わったって、こうすれば何とかなると適用することができると思うのです。構造設計って答えが一つのように思えるかもしれないですけど、力学で仕組みをちゃんと考えておいて、それをどうやって崩していくか、崩しながらも対応することはできるかと、とにかく地道に積み上げていくということが大事です。ただ残念ながら、今の世の中は現場で変更するというのができない世の中になってきていて、いかに計画的に事前に準備できるかということが、社会に出ると求められます。ですから皆さん、学生時代は悪あがきをこのまま続けて、是非ボロボロになるまで、突き詰めていっていただければいいのではないかと思います。お疲れ様でした。

櫻井：暑い中、大変お疲れ様でした。ようやく涼しくなってきましたね。学生の皆さんも、アドバイザーの方もご支援してくださった方も合宿から本日まで、相当暑い中、大変だったと思います。この仁和寺でも、簡単に開催させてもらえるというはずもなく、先ほどご挨拶いただきましたご来賓の方など相当な方々をたぐって、縁をたぐって、また無茶振りをして、我々京都人は触っちゃ

いけないと思っている、普通はありえないところのドアまで平沼さんが開けて、この開催が決まっております。様々な方々に大変なご尽力をいただいたことに感謝申し上げます。そしてそのチャンスをいただいたことに関しては参加学生の皆さんも一生懸命頑張っていただいて、今年は作品の出来栄えは良かったと思っています。ただ挑戦の度合いが少し小さかったかなと感じました。もう少し深掘りしても良かったのかもしれません。とはいえ、皆さんが紆余曲折しながら作品を制作されました。心が折れて体がボロボロになってメンバーが減ったところもありました。それも青春といいますか、人生の一部をかけてやったことには非常に価値があると思います。人生、上手いことばかりにはいきません。大体振り返ると、一番苦労した時のことを思い出します。そこが節だと思います。皆さんはその大きな節を持たれたわけですから、その節は大事にしてほしいと思っています。特に縁があって結ばれて今回の班ができていると思います。そこで一緒に苦労をして、絆になったはずです。今後進学や就職で次のステージに行った時に、大体隣の畑は綺麗に見えるものですが、自分と違う道を歩んだ仲間のデータや情報をもらうと落ち着くものです。誤った道に進むことがなくて済むということもあります。ですから班の絆は大事にしてほしいなと思います。我々はアナログ世代なので、暑い中でもワークショップで重さを感じてくださいとか、仮設がいるでしょとか、頭の中のイメージだけではうまくいかないよと伝えますが、AIの時代になってきて、チャットGPTを使えばなんでもわかる時代になっています。事前のスタディはそういうものを使ってやっていただいて、我々も過去にトライアンドエラーを

明治神宮・禰宜 建内晴喜

法隆寺・管長 古谷正覚

大聖院・座主 吉田正裕

醍醐寺・執行 仲田順英

したことから皆さんにアドバイスはしますけれども、おじさん世代を AI とかデジタル技術でぶっ飛ばすぐらいの勢いでこれからの建築業界を我々が担っていくんだという覚悟と気合いでやっていただけたらいいなと思っています。個人的には 8 班が人数が減ってもくじけずに良く頑張っていたなと思っていました。今回は、途中から進捗報告をいただくようになりまして、10 班多種多様な報告書を見たのですが、これはすごくいいことだと思いました。これまで余裕はなかったかもしれませんが、是非他の班の作品にも関心を持って、ベストプラクティスを見つけると今後に生きるのではないかなと思います。それから、プレゼンテーションスキルで差がついた部分もあると思います。話せたら三流、聞けたら二流、聞いたことを活かせたら一流と言った人がいます。是非今後は聞いたことを活かしていただいて、一流の建築従事者になっていただきたいと思います。お疲れ様でした。

太田：学生の皆様、それからお手伝いいただいた専門家の皆様、お疲れ様でした。実は今日アシンメトリーの話をしたくて、コムデギャルソンプレイというブランドを一昨日購入し着てきました。V ネックセーターは一般的には首元が左右対称二等辺三角形に切れていますよね。ところが、初めてコムデギャルソンの展示会に行った時、左右非対称の直角三角形 V ネックもあったのです。これって普通に首曲がらない、変なデザインするなあ、でもシンプルなことなのに面白いと思いました。その直後にコムデギャルソンはパリコレデビュー、アシンメトリーなデザインで世界をアッと言わせたのです。今回、建築の世界でもそのようないたず

ら心、遊び心がもう少しあればいいなと思いました。9 班の鉋屑の作品も前日、先生方からのアドバイスを受けて、慌てて夕方から変更しましたよね。とても頑張ったと思います。しかし欲を言えば、鉋屑の長さをバラバラにランダムにしたり、アンシメトリーにおかしなことをしていたらもっと良かったのではないかなと思います。言うのは簡単、服と違って建築はそううまくいかないかもしれませんが、やはり人に楽しさや夢を与える建築をつくって欲しい。今後はもっといたずらをして欲しいと思います。ありがとうございました。

前田：皆さんお疲れ様でした。建築のことは門外漢であり、私がここにいる意味って何かなと考えています。7 月の提案作品講評会後に発行された冊子をいただいていますので、皆さんがどういうコンセプトなのかというのを読み込んで来ました。この時代、弘法大師や仁和寺、京都とか祈りとかいろいろキーワードを入れて、生成 AI を使えば、もっともらしいコンセプトを作ることは簡単です。知識があまりない人であっても、一日か二日もあればなんとかまとめられるでしょう。ただ、皆さんから聞きたかったのはこの聖地に来て何をどう感じたのかです。少し世知辛いことを言ってしまうかもしれませんが、今日発表された言葉の中で伝わってくるものは正直少なかったと思っています。この場の空気とか磁力というものは、生身の人間だからこそ感じ取ることができる思います。コンセプトをもっともっと突き詰めると、おそらくまた違う作品ができるのではないでしょうか。それは何日かけて考えたかという時間の問題ではなく、本人の中のこだわりだと

明治神宮・元禰宜 水谷敦憲

櫻井正幸

腰原幹雄

太田伸之

思います。私たちアナログ世代はこだわりを大事にして生きてき
ましたが、このこだわりという根柢の部分は世代が違っても一緒
だと思っています。時代も変わって、道具も変わりますけれど、
一つの高みを目指して行くという意味では、自分の中のこだわり
が一番大切だと考えます。引き続き突き詰めてください。ありが
とうございました。

建畠：今年は例年以上にユニークな作品が多く、発表を聞くのが
楽しかったです。バルーンや鉋屑、あるいは金の糸や綿など、建
築の構造体にはならないような素材をメインにもってきて、表現
するという実験を行った。その中から二つ、賞を取られましたけ
れど、本当にユニークな発想をする者たちが現れたことに、今後
の発展が楽しみだと思いました。他にも身体の動きをそのまま捉
えて、特殊な躯体の中でその構造自体に動きを合わせたり転換す
るというのは建築家ならではの発想だと思います。ユニークな作
品を見られて、非常に大きな収穫のあるワークショップだったと
思います。今後も是非頑張ってください。

石川：皆さんお疲れ様でした。最後の質疑応答の際、班長が 10
人ステージに並ばれましたが、10 人中 6 人が女性でしたね。こ
ちらに並んでいる講評者は残念ながらおじさんばっかりなのです
が、この線の向こう側とこちら側では明らかに時代の違いってい
うのがあって、確実に世の中が変わってきて多様性が進んでいる
のだと感じました。今、コンビニに行けば外国人の方がレジの店
員をしていることも当たり前の世の中になってきました。この多

様性というのはどんどん進んでいくと思いますし、それをいい方
向に変えていかなきゃいけない。そういう社会で建築に従事する
皆さんに是非覚えておいていただきたいのは、言葉の大切さです。
言葉というのは最も単純化されて濃縮された記号です。言葉とい
うものは正確に意味を伝えます。色と形というのはそれぞれの人
の持っている文化や歴史、考え方によって受け取り方ってさまざ
まなのですね。それが多様化ということです。でも言葉の持って
いる意味は一つだけです。ですので、是非言葉を大切にしていた
だいて、皆さんの作品にそれを込めるということを心がけていた
だきたいと思います。今日の講評でも何度かタイトルについて質
問しました。そのタイトルと自分たちのつくったものとの関係性
を、もう一度見つめ直してみるといいと思います。そして今後、
皆さんの人生の中で、自分の仕事と言葉の関係性について常に意
識してもらうといいのではないかなと思います。本日はお疲れ様
でした。ありがとうございました。

藤本：皆さんお疲れ様でした。綿の最優秀賞は、僕も一番いいな
と思って点数を入れましたけれども、誤解をしてほしくないのは、
綿っていう変わった素材を使ったから良かったという単純な話で
はないということです。素材の選び方はいろいろありますよね。
ですが、綿から出発して構造材としての価値とか、後ろの桜との
関係とか、ふわふわなのかゴツゴツなのかその間の何とも言えな
い不思議な存在になって、ボリューム感も出てきて、新しい建築
としていろいろなものがつながって統合されて、あの場に現れた。
そこがすごく感動的だったと思うのですね。ワンアイディアのよ

前田浩智

石川勝

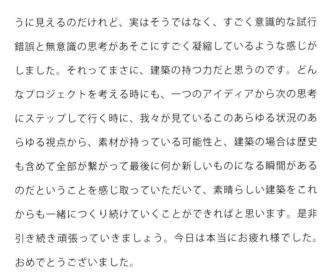
建畠哲

藤本壮介

うに見えるのだけれど、実はそうではなく、すごく意識的な試行錯誤と無意識の思考があそこにすごく凝縮しているような感じがしました。それってまさに、建築の持つ力だと思うのです。どんなプロジェクトを考える時にも、一つのアイディアから次の思考にステップして行く時に、我々が見ているこのあらゆる状況のあらゆる視点から、素材が持っている可能性と、建築の場合は歴史も含めて全部が繋がって最後に何か新しいものになる瞬間があるのだということを感じ取っていただいて、素晴らしい建築をこれからも一緒につくり続けていくことができればと思います。是非引き続き頑張っていきましょう。今日は本当にお疲れ様でした。おめでとうございました。

平田：皆様お疲れ様でした。僕は、これでいいのかなと思って推せなかった班が全部受賞しました。ですので、受賞できなかった人も、あまり気落ちしなくてもいいです（笑）。個人的には、8班の作品が一番印象に残っています。風景の中に、すごくいいバランスで現れていて、美しいなと素直に思いました。いろいろな見方があるとは思うのですが、建築の素晴らしさとは、そこにあるいろんな情報が結び目のように一つになる瞬間があるということなんです。だから少し、ここまで濃密な場所なのに今一つ場所性を自分の武器に引き寄せられていないような感じがする案もありました。あるいは、もっとできるのにという感覚を持った案もいくつかありました。これから先、建築というのはおそらく街の中で、昔建築が持っていたメディア性とはまた違う形で新たな強さを獲得する時代になっていくような気がしていて、それを今後

目指していってくれればいいなと思いますし、僕らもそれを目指したいなと思っています。ありがとうございました。

安原：皆さん本当にご苦労様でした。いろいろとサポートしてくださった方々、本当にありがとうございました。私も5班の綿の案を一番高く評価をしたのですが、あれは何かふわりとした柔らかい雰囲気でありながら、まるで羊の体の中に入り込んだような、ワイルドな力強さを同時に感じたのです。そう感じさせたのは、あの綿の中に、極めて多様な張力場が出来上がっていたからだと思います。枝からふわりとぶら下がっている箇所があれば、逆に枝をぶら下げて、かなり強い張力がかかっている箇所もある。同じ素材でありながら、編み方で強度が連続的に変化している。こういう材料の使い方は、今までに見たことがありません。今回は綿でしたが、他の素材でも同じようなことができる可能性を感じました。今回、皆さんがつくったのは小さな仮設のフォリーですが、それぞれの作品の中に、建築としての可能性がたくさん含まれています。私を含む大人たちも、その可能性を見たくて毎年集まってきています。明日撤去する前に、自分たちが何をやったのか、これからの建築に繋がる発見や気付きが何であったのかを反芻して、チームのメンバーでもう一度よく議論してください。そしてそれを、今後の建築活動に是非活かしてください。お疲れ様でした。

吉村：皆さんお疲れ様でした。僕は5班と6班と8班に点数を入れていました。5班については、倒木と綿の織り方で、ぶら下がって

平田晃久

吉村靖孝

安原幹

竹原義二

いたり圧縮していたり引っ張ったりしたという、その違いが状態として写し取られているわけですけれど、その中に建築的な匂いを感じるというのは、僕はすごいなと思いました。お疲れ様でした。

竹原：お疲れ様でした。今回は場所性を非常に上手に読まれたのではないかと感じました。例えば人を迎える場所である二王門に到着したとき、まさかこれが作品なのか!?というフォーリーが迎えてくれました（笑）。連続するサイコロが風に揺れながら天空へ舞い上がろうと、もがいていました。門の役割は単にくぐるだけではなく、領域をまたぐという役割もあります。門ではないが、金糸によって宙を舞う蜘蛛の巣のように張り巡らされた領域が、風に吹かれ揺らぐ様相を示した作品は、講堂まで伸びる参道に対し結界を生み出しながらも前後の関係を繋ぎ、その先に何かがあるという提示がされたような気がしました。五重塔の前に展示されていた音の鳴る作品も同様に感じました。作品は未完ではあるが、何か可能性やモノのもつ力以上の魅力を予感させてくれたように感じました。感性を揺さぶる原寸の作品にこそ、このワークショップの醍醐味が潜んでいるのだろうと思います。今回完成度の高い作品ではなく、自己完結せず自然に委ねることで生まれる動きや音により五感を揺さぶるような作品が目に留まりました。今日の結果をみると今、時代が変わろうとしていることを炎天下の中で感じ、先の時代を読み解く上で非常に勉強になりました。ありがとうございました。

五十嵐：講評会で命の危険を感じることはなかなかないので（笑）、多分僕も一生忘れないような体験を今日はさせていただきました。コメントしたかった作品に全然触れるチャンスがなかったので、4作品ほど簡単に触れたいと思います。まず五重塔の3班ですが、入賞しましたね。一応五重塔に対峙しているのですが、仁和寺の五重塔は例えば造形的な特徴として逓減率が低いことが挙げられます。また様式は和様なのですが、17世紀に和様でつくっているのは、かなり意図的に復古的につくっているわけで、意味があるわけです。今日の発表では、五重塔＝シンボリックという記号的に扱ったところで終わってしまいました。しかし、そうすると別に醍醐寺でも東寺でも、どこの五重塔でも同じような案を提案できてしまうので、やはり仁和寺の五重塔だからという固有性に、もう少し接続していく姿勢も欲しかったです。それから個人的に今回興味を持ったのは、すごくイメージの喚起力が強いというか、キャラクター性をもった作品でした。二王門のヘリウムを使った6班の作品は、建畠さんもコメントしていましたが、僕も途中から龍のように見えていました。龍が門の真ん中をゆらゆら潜っていっているように見えた。それから綿の5班も、羊の綿ではないのですが、毛を刈り取らないまま放置され、羊が大変なことになった状態のように見えて（笑）、それが面白かった。苔や鉋屑など、ユニークな素材を使った案は、他にもあったのですが、ちぐはぐして、うまく全体的なイメージの喚起力を獲得できなかったという点が、ヘリウムや綿の作品と命運を分けたのかなと思います。それからあまり評価されなくて入賞しなかったのですが、もう一つ、すごくキャラクターを感じたのは経堂の前にある4班の縄の案で、遠くから見た時に長い足が出ている蜘蛛に

遠藤秀平

安井昇

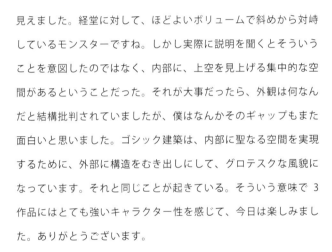
五十嵐太郎

倉方俊輔

見えました。経堂に対して、ほどよいボリュームで斜めから対峙しているモンスターですね。しかし実際に説明を聞くとそういうことを意図したのではなく、内部に、上空を見上げる集中的な空間があるということだった。それが大事だったら、外観は何なんだと結構批判されていましたが、僕はなんかそのギャップもまた面白いと思いました。ゴシック建築は、内部に聖なる空間を実現するために、外部に構造をむき出しにして、グロテスクな風貌になっています。それと同じことが起きている。そういう意味で 3 作品にはとても強いキャラクター性を感じて、今日は楽しみました。ありがとうございます。

安井：皆さんは他の班の作品は見られましたか？ゆっくり見られていないようでしたら解体前に是非ご覧になっていただき、先生方から講評されていた内容がどういうことなのかを、自分の目で確かめた方がいいのではないかなと思います。各班、いろいろな素材を使われていましたが、これから皆さんが社会に出られて建築の設計をしていくと、例えば木といってもいろいろあるのですよ。9 班の講評の際に杉と檜の話をしましたけれど実際の建築をつくるときには、木の中にもいろんな樹種があって検討していくことになります。ですので、今日解体する時に、単なる木だと見るのではなく、これは杉だな、檜だなということを感じてください。重さも全然違いますので解体も勉強の場にしていただければと思います。大変お疲れ様でした。

倉方：本当に今日は全ての皆様のおかげで素晴らしいことが実現

したなと思います。ここまで教育的なことや励ましの言葉、いろいろといただいたと思いますが、違った視点から少し批判めいたことを言わせていただきたいと思います。今日は意外と、意外性がなかったなというところがあります。それはほとんどの作品が、背後にある一つの建物などに対して何か少し変わった素材を使って頑張って現場でつくるという、ほとんどその枠内に収まっている感じがありました。それはもちろん、仁和寺さんの境内にある各所が素晴らしすぎるのですが、模範解答みたいに見えてしまいました。目の前の建物や敷地以外にも素晴らしいものはたくさんあるはずですので、そういうものをつないでいくようなこと、発見できるような場の構成、建築というものも考えられると思いますし、素材の本性のようなところを開示していくということ、もっと大きな拡がりを感じさせる提案があってもいいと思いました。それから発表のときも違うアプローチがあってもよいかもしれません。少し裏側から考えてみたとか、少し突拍子もないことから話してみるとか、いろんなやり方があるのではないでしょうか。今日は本当にお疲れ様でございました。

横山：皆さんお疲れ様でした。今年は例年になく日焼けしていますよね。我々も今日一日で日焼けしましたけれど、学生さんたちが本当に黒く日焼けしているのを見て、それだけ現場に出ていろいろなことを考えてやったんだということを表していると思います。このワークショップの趣旨は、フィールドで考えてフィールドでつくっていくことです。大学の設計は机上で考えて机上でつくります。だから全く違う方向性を目指している

横山俊祐

佐藤淳

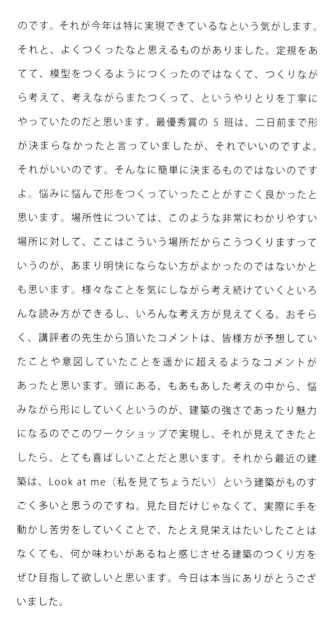
陶器浩一

平沼孝啓

のです。それが今年は特に実現できているなという気がします。それと、よくつくったなと思えるものがありました。定規をあてて、模型をつくるようにつくったのではなくて、つくりながら考えて、考えながらまたつくって、というやりとりを丁寧にやっていたのだと思います。最優秀賞の5班は、二日前まで形が決まらなかったと言っていましたが、それでいいのですよ。それがいいのです。そんなに簡単に決まるものではないのですよ。悩みに悩んで形をつくっていったことがすごく良かったと思います。場所性については、このような非常にわかりやすい場所に対して、ここはこういう場所だからこうつくりますっていうのが、あまり明快にならない方がよかったのではないかとも思います。様々なことを気にしながら考え続けていくといろんな読み方ができるし、いろんな考え方が見えてくる。おそらく、講評者の先生から頂いたコメントは、皆様方が予想していたことや意図していたことを遥かに超えるようなコメントがあったと思います。頭にある、もあもあした考えの中から、悩みながら形にしていくというのが、建築の強さであったり魅力になるのでこのワークショップで実現し、それが見えてきたとしたら、とても喜ばしいことだと思います。それから最近の建築は、Look at me（私を見てちょうだい）という建築がものすごく多いと思うのですね。見た目だけじゃなくて、実際に手を動かし苦労をしていくことで、たとえ見栄えはたいしたことはなくても、何か味わいがあるねと感じさせる建築のつくり方をぜひ目指して欲しいと思います。今日は本当にありがとうございました。

陶器：みなさんお疲れ様でした。今、デジタル技術とか、3Dプリンターとかいろいろなものが出てきて、建築のつくり方に多様性が出てきて変わってきているのですが、やはり忘れてはいけない大事なことは、ものと真剣に向き合うことだと思います。皆さんは今回、ものとすごく向き合ってきたと思うのですが、うまくいかないことだらけ、失敗だらけだったと思います。歯を食いしばって乗り越えてうまくいった人もいると思うし、それを乗り越えられなかったけれども、実はこんな使い方があったのかという自分の知識になかった新しい発見をした人もいると思います。それが一番大事で、その発見というのが建築の新たな可能性も生みだしますし、自分自身を成長させていく体験になったと思います。ですから、今回皆さんはすごくいい経験をしたと思うので、特にその失敗を糧にして、これからの建築人生を歩んで欲しいなと思います。お疲れ様でした。

司会：それでは平沼先生、締めのお言葉をお願いいたします。

平沼：夕暮れの景色になるまで、長丁場のお付き合いをくださいまして誠にありがとうございました。そして本日の暑さで、大きなご負担をお掛けしましたことを本当にお許しください。自然の太陽の力を感じる一日となりました。ここにいる講評者、そして後方で学生たちを見守り、支え続けてくださいましたアドバイザー様やご関係者の皆様を含め、建築をつくる者たちにとりましては、本日の体験からあらためて深く、建築の大切さを知る日となりましたし、切実に向き合わないといけないことを学ばされて

梓設計・代表取締役社長 有吉匡

大建設計・代表取締役会長 平岡省吉

最優秀賞5班「わ」

ました。僕たちの後進で建築を学ぶ学生たちの提案は、この場所にずっと存在していた土や苔、竹や木々などを建築の素材に見立て、カタチを変え空間の構成に利用させていただき、千年もの間引き継がれ、造営を繰り返されたこの静粛な境内で表現し体験させていただく貴重な機会をいただきました。いわゆる地産の素材をお借りしたお返しに、聖地のご僧侶やご神職、開催地の地元の方々への想いで表現することを考え、進んできたワークショップですが、今年は本当に皆が京都を大切に思い、明日、お戻しするところまでを考え、なんとかリユース・リサイクルできるようなものにしたいという気持ちを持って、実現してくれたのではないかと思います。また最優秀賞の班長のコメントにもありましたが、本当に多くの方々が支えてくれたことに対する感謝を述べておられました。辛かった思い出ばかりが残るのではなく、皆さんからいただいたご厚意を生涯忘れないと思います。そしてこのワークショップは今日が最終日ではなく、明日が最終日です。制作をさせてもらい、批評をいただきつつ表現させていただいた大切な計画地に、クギ一本、ビス一本、残してはいけない聖地です。元の状態以上に美しくお戻しところまでを必ず、大切な機会として扱ってください。

優秀賞3班「さとる」

　最後になりましたが、皆さまが全国各地の自宅に着くまでがワークショップです。どうかこの後も体調にはくれぐれも気をつけ、交流のできなかった方々にも、心のこもった感謝の言葉を必ずお伝えください。皆さま、本日は、本当にありがとうございました。

特別賞6班「こゆるり」

御殿【宸殿】

M邸
©NARU建築写真事務所

ファサードをガラスブリックにより表現する際に大きな課題となったのが、ガラスブリック上下の目地をずらした馬目地の実現である。課題を克服するためには、下地材の構成、ガラスブリックの製造方法、施工方法など、検討しなければならない事案が多々あった。今まで蓄積してきた構造解析の知見や、製造工場・取付業者との細やかな連携により、実現に至った。

世界で活躍するデザイナーと一緒に作品づくりをしませんか？

わたしたちは、「建築の顔」と呼ばれるファサードをつくる技術者集団。建築家たちのイメージを具現化する
ファサードエンジニアリング企業として、「建築学生ワークショップ」の活動を応援しています。

私たちは美しいファサードづくりに挑戦しつづけます。

旭ビルウォール株式会社

あとがき｜ 仁和寺開催の軌跡　─　～何も無い、風情という静けさ～

建築家 ｜ 平沼孝啓建築研究所 主宰

"建築の原初の聖地から"

弘法大師（空海）生誕１２５０年　～古都の未来のために建築ができること

　「ワークショップ・サーカスのよう」とも称されるようになったいわゆる「聖地・ワークショップ」の現在地を示さないとなりません。２０１０年より建築の原初の場所へ向かい、日本有数の聖地にて取り組みを継いだ開催は、伊勢神宮の式年遷宮に倣うように、二十年目を迎える２０２９年、内宮・宇治橋の架け替えを始める御遷宮の年の開催を節目として、この役目を継ぐことを目標に掲げます。とはいえ、多くの皆様のご厚意で継がれたこれほどの開催になりましたことから、相当な奉仕負担を掛けてしまうことも理解しつつ、また、毎年比較にならない各聖地に向き合い取り組むのですから、どのような道程となるのか、現在ではその手法の予想が見当たりません。僕ができるのは、この時点からこれまでこれからと併走くださる多くの皆様と共有し、ただ、ただ、毎開催ごとに真摯に向き合い学びながら、一心不乱に取り組むことです。そして、このワークショップを継続して開催できた理由は、開催が進むごとに各聖地で共有され、また不安に思われる聖地のある地域の方々が応援者となってくださることで、何とか継いでいただけたように思います。

　昨年の宮島開催、千畳閣での公開プレゼンテーション来賓のご挨拶の際に音羽参事が、２０２９年御遷宮の年に合わせて、建築学生ワークショップ伊勢の開催に向かうと公の場で申されました。突然のことに大変な喜びと感謝を感じておりましたが、たぶん？きっと！本当のことになるのでしょう。でも他人ごとのように決して楽観視できるはずもありません。自分なりに相当、緊張感を持ち慎重に進めていかなければと感じましたし、後進に向けての集中力が高まるほど、気掛かりになることも増すものですが、応援をくださる皆様と併走し、駆け抜けていきたいと思います。

　これまでもこれからの各聖地での開催もそうですが、このような取り組みを伊勢で開催することが、幾多の困難があるどれほど難しいことかを知る者にとっては、その意義まで予測し示していく必要があります。この地点で２９年を大きな目標と見立て、二十年間の取り組みの岐路を迎えるにあたり、この取り組みで何を残し、何を伝えられたのかを示すことに到達できるよう、これからの６年間で一歩一歩確実に、足跡を残していかなければならないように感じました。当初からもちろん、何かのゴールが用意されていたわけではありませんし、現在地を示す手掛かりも明快な目標の言葉も見当たりません。あてのない探検のようにただ、ただ、切実に聖地を巡り、拝み、育まれ、それらを日常として取り組んでいきます。

　最後になりましたが、ここでひとつの目標地を示したことで現在地を探れる機会となりました。どのような事実があり、どのような姿勢を学んできたのか。影響を受け育まれた事柄について誠実に、これまで取り組んできた記録をこのドキュメントブックに残そうと思います。また未来に誰かがこのような取り組みを繋いでいきたいと思われた日の、参考にしていただければ嬉しく思います。

　２０１７年秋、この年の開催地は比叡山延暦寺。２０１０年より幾度も開催を望み、実に７年越しの開催を終えたあと、この開催を導き手順を与え学ばせてくれた２０１５年の開催地、高野山金剛峯寺の添田総長（当時）の下を訪れ、小堀執行（当時）が率いられた比叡山でも、学生たちの直向きな姿勢に大いに絆されご厚意をいただいたご報告と御礼を申し上げた。高野山も幾つもの国宝や重要文化財を保有され建築を保全する立場でもあり、近現代のみならず伝統構法を学び、そこから修繕や保存におけるサスティナブルな工法を探る若者への希望や期待を込められて、今後の開催地を問われた。ちょうどその頃、伊勢での先進国首脳会議（通称：Ｇ７伊勢志摩サミット２０１６）が終わり、長年の願いからようやく翌年（２０１８年）の開催にこぎつけた伊勢神宮の開催や、２０１９年には６０年ぶりの式年遷宮の最終の年となる出雲大社への挑戦の岐路について話すと、「そろそろ古都・京都へのお伺いも始めてはどうか」と、

2018年5月4日　高野山真田坊蓮華定院・住職
金剛峯寺・添田総長（当時）訪問

2019年7月29日　仁和寺・吉田執行長（当時）訪問

2019年9月1日　出雲大社社務所にて
出雲開催 公開プレゼンテーション

薦められた。当然、古都は無視できないことはわかっていたが、京都は何とも奥深く、所縁と順序が難しいことも合わせて伝えられた。ひとつの神社や寺院についてなら、地元の方やその地を訪ねてお聞きすればよく理解できる。しかし様々な繋がりや歴史関係、寺社ロケーションという全体像になると、地元の方でさえ詳しい関わりがわかりづらいものである。当然ながら京都には朝廷からの都文化と現在も洛中、洛外、その他と示される風情も存在する。適切にこの文化を学び、洛中の町民の暮らしに適切な所縁の文脈を重ねてこそ、その順序に辿り着く。添田総長はこの頃、恐らくこの道筋の予想図を描いておられたが、僕が現代にも続く京都文化の知見を蓄えるまでには、この後、本年の開催まで6年の歳月が必要となった。

　時期の記憶間違いがないとよいのだが、それから約1年をかけて京都の寺社62カ所を巡り、その様子と感想を述べた時に、添田総長から宮島の山側、弥山を守られる大聖院と真言宗御室派の寺院のことを初めて聞いたと思う。古墳時代に祭祀遺跡が発見されて以降、山岳信仰は弥山から始まり、大聖院の前身である弥山水精寺は宮島で最古の歴史を持つ寺院であり、厳島神社の別当寺として祭祀を司り、社僧を統括してきた寺院であることを付け加えられた。弘法大師空海が開山された仏教の繋がりを辿るように高野山や比叡山での取り組みが叶い、伊勢、出雲も越えた後には、京都での開催も叶うのではないかと、目されたのであろう。京都にある格式高い御室御所と称される門跡寺院、2023年に弘法大師御誕生1250年を迎えられる京都・仁和寺の執行長として、この大聖院の吉田座主が務められることになるとのことで、「師走に電話をしておくから伺ってみるように」と話され、この翌年、2019年に初めて御室御所を訪れた。

　仁和寺の執行長（宗務総長・当時）になられた吉田座主にお目にかかり、故郷・宮島で育まれた幼少の頃の思い出話をお聞かせくださった所縁から、そのまま昨年の開催地・宮島へと進めていった経緯は、昨年の本書・宮島開催での「あとがき」に記した通りであるが、僭越ながら、吉田座主の話は大変面白い。前後の文脈をうまく繋げ、話す順序を柔らかく変化させながらのストーリー展開そのものが素晴らしいものだ。「とりあえず当年の出雲の開催を見にいきますね」とお伝えいただいた後、別れ際に「一度、宮島へ来られますか？」とお声を掛けてくださったことから宮島への往来が始まり、このワークショップの経緯を深くご理解いただくようになっていった。2019年9月1日、出雲大社での公開プレゼンテーション当日、約束通りに仁和寺執行長として吉田座主が朝から会場にお越しくださった。各班に分かれた8体（当時）の小さな建築作品を集まってくださった皆様と一緒に見て周り、社務所2階の会場にお戻りになられた際、初めて見られたワークショップの様子に「これは良い会をつくられましたね」と仰ってくださった。その後の公開プレゼンテーションの場で学生らが発表を行う前、来賓として壇上に上られた吉田座主が、先の戦話である応仁の乱の経緯からこの開催の素晴らしさを語り、唐突に仁和寺での開催を推してくださるという貴重なお言葉を掛けてくださった。もちろん事前に何かを聞かされていたわけでもなく、学生らの取り組む姿勢や、建築を想い集まってくださっている方々の清々しいご様子からだろう。京都開催という、転機を迎える聖地が開かれた瞬間であった。

　当然、日本のナショナリティを現代にも示すような場を聖地と呼ぶのだから、人類の財産である大切な自然と文化がある地で建築を守り、造営を繰り返すことが宿命である伽藍に関わる建築技術者の方たちは貴重な存在である。寺院を造営するには、日本の「伝統建築」・「伝統工芸」の技術が必要不可欠であり、伊勢や出雲を代表される遷宮では、「技術の継承」という大きな役割を持つことを学んだ。同時に、これを継いでいくことは、現代において非常に厳しい状況であることにも気づかされた。物事の効率化や利便性が重要視され、

2021年4月16日 座談会

2021年4月16日 京都府庁・山下副知事訪問

2021年4月16日 京都市庁・門川市長訪問

目に見えないものや精神性という大切にされてきたものが失われつつある現代において、本開催自体の取り組みはとても小さいが、志は大きく、神社の社殿を造営し続ける技術を絶やさない策として、建築界と神社・寺院界が手を携えていくことができれば、建築を生業とする僕たち、そして日本の建築技術を学ぶ後進者にとって、これほど心強いものはない。開催をはじめた当初から併走して本開催を実現してくれる先輩の構造家・腰原幹雄さんに話しながら、この開催へ向かう意思が芽生えてきた。それにしても日本の素晴らしい聖地には、やはり素晴らしい人たちが存在する。地元京都を代表される建築家の方々を含め、本当に建築界とは、後進の意思に対し、応援や励みとなる言葉を掛けてくださる、なんと健全で開放的な世界なのかと、つくづく思い知らされるようになった。

　８８８年に創建された寺院・仁和寺は、平安〜鎌倉期には門跡寺院として最高の格式を保たれ、古都・京都の基点となり国内でもまれにみる、皇室とゆかりの深い寺（門跡寺院）「御室御所」（おむろごしょ）である。１４６７年に始まった応仁の乱で、仁和寺は一山のほとんどを兵火で焼失するという悲運に見舞われ、伽藍は全焼したが、この応仁の乱から約１６０年後の１６３４年に再興の機会が訪れ、現在、国宝の金堂は、１６１３年に建立された京都御所の正殿・紫宸殿を１６４４年に移築したもので、近世の寝殿造遺構としては最も重要な現存する最古の紫宸殿であり、１６４６年に伽藍の再建が完了され創建時の姿に戻され、現在二王門や五重塔をはじめとする１４棟の重要文化財である建造物が指定されている。この地で、伝統技術を含めた次の時代の建築を担う学生らが「弘法大師（空海）生誕１２５０年」の年に、古都・京都 仁和寺に合宿にて１０体の建築の実現が叶った。２０２０年の開催では東大寺、そして共催の奈良県、奈良市と連携により、また２０２１年の開催では、明治神宮の皆さまのご配慮により、二度の延期を経て無事開催できたが、昨年の宮島開催では新型コロナウイルス感染症は完全に終息しなかった。今年の開催についても、この情勢下で東大寺から明治神宮、宮島までつないできた次世代を担う学生のための建築界の取り組みを何とか成功させようと、一緒になり思慮を重ねてくださった金崎僧侶、岩﨑僧侶のお姿には、敬服の念に堪えない。そして特に参加学生に伝えたいことは、この情勢の中でも、建築の原初の現場から未来の豊かさを目指し、次の時代に社会に出て活躍する後進を育もうとしてくださった、地元を含めた建築家や技術者ほか、素晴らしい大人たちの姿勢を見て熱い思いを感じて受け取って欲しい。そして協力してくださった方々は皆、学生の稚拙な提案から刺激を受け、建築を学んでいた当時のことを思い出し、一生懸命取り組んでくださった。また、このワークショップを楽しみにしてくださる応援者がわざわざ京都に来て、様々な形で支援してくださったことを記憶しておいて欲しい。世代や時代が変わっても、人を育む重要性を感じない大人はいない。僕たちは何らかの形で後進を育む機会を作りたいとこの取り組みを続けている。皆さんには純粋に、社会性が重なる使命と意義あるものに触れられるこの取り組みに参加し、ご縁を持った方々の背中に未来を感じて挑戦し続けて欲しいと思っているし、僕も、支えてくださっている全ての方への感謝を忘れず、また今後、開催を重ねる度に出会う人との取り組みを楽しみにしながら継続していく。

　建築ワークショップは１９８４年、関西を中心に取り組みがはじめられ、建築や芸術、環境デザイン等の分野を専攻する学生がキャンパスを離れ、国内外にて活躍中の建築家を中心とした指導のもと、その場所における場所性に根づく自然災害や環境問題の提案作品をつくりあげることを目的としてきた。２００１年度から始まった合同ワークショップでは、大学の教員を兼ねた建築家による複数の講師陣により、過去に山添村（奈良県）・天川村（奈良県）・丹後半島（京都府）・沖島（滋賀県）などの関西近郊の各地で行われ、それぞれの過疎化した地域を対象に提案し、市や街、村の支援を得ながら、有意義な成果を残された。２０１０年にこの当番をはじめた僕は、奈良・平城宮跡での開催を機に、従来の建築家主導のワークショップから大きく運営体制を変え、建築や芸術、デザインを学ぶ

2021年8月25日　京都府庁・西脇知事訪問

2022年6月14日　京都信用金庫・榊田理事長訪問

2022年8月27日　宮島開催 前夜祭〔広島にて〕

学生が主体のサークル活動のようなノンプロフィットの法人を立ち上げ、企画を進めていった。大人が準備した枠組みの中で、与えられることが当たり前になってしまい、学生がもつ能力が十分に発揮されないままサービスを受けるばかりで貴重な学生時代を終えてしまうのではなく、学生が自ら発想し自らが行動し、失敗を恐れずに挑戦していくことで、その軌跡を見守る講評者が学生の持つポテンシャルに気づき、素質に合わせ発想を伸ばしていくようなワークショップにしていきたいと考えていた。この開催を受け継ぐにあたり当初より、この学外体験型のワークショップを開催する意図として、ふたつの目的をもっていた。ひとつは、僕たちのように建築学科で学んだ学生は、学部時代の設計課題で図面や模型をつくり、幾度も仮想の建築の提案に対し先生たちから講評を受けるのだが、自分たちが提案した建築の空間体験をしないで卒業していく。そのため小さくても原寸でつくる経験とその空間の体験をさせてあげたいということ。もうひとつは、大学や院を卒業して就職し、設計者や施工者、デベロッパーになってもなかなかつくれない聖地のような場所でその環境を体験し、調査を行い、自身の提案をつくりあげるということを、学生である限られた貴重な時期に経験させてあげたいと思っていたこと。素晴らしい場所で良い体験をすると、地域や環境そして建築に興味を持ち始めるものだ。この経験を繰り返し、幾度となく建築に感動することで、建築を信じてくれるようになるはずだ。そして、全国から集まった同世代の学生たちが、短い期間ではあるが生活を共にする合宿経験から絆を結んだ同志となり、また、この開催地を第二の故郷のように思い、長い人生の中で失敗や挫折のような壁にあたったときにその地で関わってくださった多くの関係者を訪ね、また今後の人生において苦境を乗り越えられる場所となるよう、大切な想いを築いてほしいと。このような思いで続けてきたのだが、本当に各開催地の素晴らしい多くの方々のご助力に恵まれ、これまでワークショップを中心になって運営してこられた先生方にご指導をいただけたおかげで、このワークショップは現在も継続することができ、今回で１１度目の開催を終えた。

　この企画を進めていく過程においては、京都を中心とした地元の建築技術者にアドバイザーとしてお越しいただけるよう京都府建築士会、京都府建設業協会、そして日本建築家協会京都地域会を中心とした京都を代表される建築家の方々が応援に来てくださることで、学生らの提案の実現を大きく支えていただくことになった。一般の建築は完成後に使用することを目的につくられるのだが、学生らは現代に受け継がれる神聖で静粛な境内に滞在をしながらリサーチを重ね、歴史的な場所性を読みとり小さな建築を実現する。つまり計画地の読み取りから発案・設計・制作プロセス、そしてリユース・リサイクルを含んだ建築の終わりまでの手法をこの場で学ぶことができるのである。また近年、コロナの情勢が続いた中、通常とは違う学生生活を余儀なくされながらも前向きに応募し、選抜された６０名の学生らは１０班に分かれ、環境と建築のプロセスを境内から実学として学んだ。実現した建築の構造を含めた素材は、金堂を中心とする地元の古典・伝統建築の知識をもつ技術者たち、ひとりひとりのご厚意により、自然素材を中心に調達されていく。現地の土を借り、再利用可能な自然のリサイクル材を使用する。そして設置後分解し素材ごとに分類し、できるだけ自然に戻すことのできるような建築の構成により、ゴミを出さないように努めながら、１０体の小さな建築の実現したのである。初めての御所・御室に面した計画地を含むこの開催では、いわゆる二王門〜金堂までの南北軸線に沿ったフォリーを実現させたいと考えた。アンジュレーションに富む傾斜を利用するため、前宮島開催で大鳥居の修復現場を担われていた現場監督、増岡組の舛本さんに大きなご支援をいただき整地していただいた。舛本さんなくして宮島開催は語れないし、この御室開催でもそうである。学生らの提案から制作にあたっての材料搬入、運搬のほか、お借りした工具の扱い方のご指導、加工組立の手順、そして制作地から分解して計画地までの移動、その後の組立、設置後の解体撤収まで一連の工程を担ってくださった。各開催地にこのような方を探しあて、頼ることを続けているのであるが、昨年は大鳥居の修繕中の開催ということもあって様々な配慮をくださり、前年明治神宮開催から制作合宿に付き添っていただけたことは合宿中、

2022年9月1日　住友会館にて住友林業
　　　　　　　市川会長光吉社長笹部前社長と

2023年4月11日アドバイザー会議

2023年6月10日現地説明会

大きな効果を生んだし、この仁和寺開催でも全日程ご参加くださり、ここに参加した学生たちは誰よりも、舛本さんをアニキ分のように頼り親しむようになった。日中の天候と日陰を表す時間帯を調べていても計画通りにいかないのが常で、作業が中断されたり、基礎が転んだりしながら、自分たちの手で考えた提案を実現させた班もあった。この一連の取り組みを応援してくださる中心には、いつも地元、全国の技術者の方たちの想いがあるのだ。境内の設置会場の運搬や撤去に必要な経路を確保し、その仮設計画に実際に協力をいただいたこの地の造営を担う、京都・関西を代表される全国での活躍される施工者の皆さまに深く感謝を申し上げる。

　提案作品講評会では、それぞれの先生方の専門分野に関連した内容を中心に、歴史、環境、構造、そしてコンセプト等、さまざまな専門者としての観点からご講評をいただくことができた。当番をはじめた開催の初年度から併走し、日常的な相談に応じ励みをくれる、東大の構造家、腰原さんにはいつも大変な勇気を与えてもらっている。美術界を代表される美術評論家で埼玉県立近代美術館の建畠館長には京都ご出身であることも重なり、地域の自然環境の特性を生かした表現のあり方や材料の本質をついた原理を教えていただいた。何よりも２０２５万博の運営プロデューサーを務められる石川さんからは、提案から制作する過程で生まれた言葉としてのタイトルの意図を教えていただき、言葉の成り立ちと存在価値を丁寧にご指導いただいた。史家としての指導経験豊かな倉方さんには、厳しくも感受性から知を感じる言葉で感動を与えてくださり、設計・制作者として提案に取り組む姿勢や地域や場所に密着した建築の解き方、歴史から現代の生活文化と共に建築が存在した本来の大切さを改めて感じることができた。

　そしてファッション分野をアメリカで培われ、MDの普及に取り組み日本文化を世界へ発信された日本ファッションウィーク推進機構・実行委員長の太田さんには、ご自身が実現の一端を担われたご経験から建築が持つ力を唱えていただいた。社会メディアを代表する毎日新聞社の前田主筆には、伝統を保守してきた素朴な気持ちと、静粛な空気感として存在する現代への街づくりの在り方をお聞かせいただいた。また、２０２０年、２１年、２２年と三度も開催ができなかった東京大学での参加説明会での五十嵐太郎さんのレクチュアでは、本ワークショップの参加の魅力６と題された評を論じていただき、僕たちはあらためて現在地を深く確認させられた。京都大学の参加説明会では、平田晃久さんが、ご自身の実験的な取り組みがどのように現在の活動や手法に結びついているのかをお話しくださり、あらためて自らの手でつくる意義を深く感じた。また佐藤さんの存在は本当に大きく、ご自身の取り組みのように支えてくださり、構造の視点からこの開催の意義を何度も問い直す機会をいただいた。

　本日の公開プレゼンテーションには、毎年の使命のように駆けつけてくださる安井建築設計事務所の佐野社長、前日には日本設計の千鳥会長にお越しいただき、今年は未完の状態から学生らへの貴重なご指導をいただけた。また今年はようやく大建設計の平岡会長、梓設計の杉谷会長の思いを継がれるように有吉社長がお越しくださり、貴重なご挨拶のお言葉を頂戴しながら終日、見守っていただくことができた。東京や大阪から日本を代表する組織設計事務所の皆さまがお越しくださったことは参加した学生にとって心強かっただろう。僕たちにとっても設計分野の先輩たちに後進に向けた取り組みに併走いただけたことは、本当に心強いことだと感じている。

　また継続して応援をくださる竹中工務店、大林組など建築の技術者の多くが在籍する日本を代表するゼネコンや、KMEWの木村社長をはじめとする建設関係者の方々。そして京都銀行の安井頭取、京都信用金庫の榊田理事長、京都中央信用金庫の白波瀬理事長をはじめ、京都の実業家の皆さまにも、実行前から多くのご助言をいただき、大変多くの建築関係者にこの現場を共有していただくことが叶った。

2023年7月1日 各班エスキース（大阪会場）　　　2023年7月16日 実施制作打ち合わせ　　　2023年9月16日 制作場所にて

そしてここ、京都には、建築への知見も蓄えられた西脇知事、そして門川市長がいる。開催を目指した当初から幾度のご面会をいただいた山下副知事から得たものは大きく、本開催を県市の皆様が最後まで併走してくださった。また住友林業の市川会長は各計画地に設置した１０体の建築の全てを見られ、結果として受賞した素材を含め優れた作品だったことを事前に唱えられており、開催の趣旨さえ深く理解されていたことに驚いた。物事にまっすぐなご姿勢で多くを学ばれ、後進である全国の学生に向けた取り組みである本ワークショップを、一緒になり楽しんでくれたことに深く感謝申し上げたい。そして最後に、今回の取り組みの成功に向けて、いつも親身になって計り知れないご支援とご助力をくださった仁和寺の瀬川門跡さま、そして最後まで会場にて見守ってくださった大林執行長さまには、感謝の念に堪えない。仁和寺を尋ね幾度も社務所へ通いながら、緩やかに知己を蓄えさせていただく機会に、最後に境内で「ご苦労様です」と一言声を掛けてくださった言葉には、これまでの一連の記憶を辿られたような温かみを感じ、深い感謝が込み上げた。

「建築学生ワークショップ」の活動に、「がんばっている若い人たちを応援したい」とご支援を続けてくださる、旭ビルウォールの櫻井社長には、あらためて感謝の意を表したい。参加した学生には、これから提案を具現化していく際、今までに経験したことがないような数々の困難に直面する中で、最後まで諦めずにやり抜く信念を将来に活かし貫いてほしいと、関わった皆で期待していることを記憶に留めてほしい。多くの制限のある中、この境内をリサーチし歴史に連なるような提案を実現化するため苦心しただろう。本当によく実現したものだと感心をしている。また実施する運営を主導し、参加学生をバックアップし続けた統括の宮本、副統括を務め明治神宮、宮島開催に引き続き司会進行を果たした杉田は一日、最後のフレーズまでしっかり、情熱を込めて話し切った。片づけまでの後半を担う加古をはじめとする AAF の運営スタッフたちには、自主的に最後までやり抜く信念を貫いたことに敬意を表したい。二王門前、太陽の下での公開プレゼンテーションは、劇的な講評会となった。素晴らしい場所でこの空間を共有した者たちにとって、生涯忘れられない記憶になったと思う。

"今、建築の、原初の、聖地から" ～古都の未来のために建築ができること～と題したワークショップへの参加を通じて、小さくても空間体験ができる建築の提案を実現化していく体験をしたことで、これからも地域の自然環境と場所が持つ建築の性質を発見し、自らが発想する空間への提案に努めてもらいたい。そして僕は、自然と歴史環境が相互に関連し合う建築と環境の存在を再認識するとともに、その場所を永続的に残していくための保存方法や、継続を担う修復のようでありながら発展的な建築のつくり方を深く追及し続けたいと考えている。

最後になりましたが、建築の原初の現場から未来を目指し、次の輝く時代に社会に出て活躍しようとする後進を応援する素晴らしい大人の方たちの姿勢、この場を共有した貴重で大切な想いを下さった、全ての方たちに深く、深く感謝をしています。僕はやっぱり、人生をかけて建築を目指してきて本当によかったと思えるし、この先も生涯、建築を目指したい。そしてこのような貴重な機会を、建築を目指す全ての者たちに与えてくださった皆様に、謹んで御礼を申し上げます。

令和 ５ 年 ９ 月 １７ 日　御室御所・仁和寺境内にて

平沼 孝啓

Architectural
Workshop
NINNAJI
2023

©AAF
Art & Architect Festa

「弘法大師（空海）生誕1250年」の年に

建築学生ワークショップ仁和寺

全国の大学生たちが小さな建築を、仁和寺境内に10体実現します。

2023年、世界から注目されている古都・京都の基点となる、皇室とゆかりの深い寺「御室御所」（おむろごしょ）と称された境内で、将来を担う学生たちが今という時代に向き合い、この場所でできることに全力で取り組み、近現代における主要都市のまちづくりでは最も貴重となる伽藍をはじめとした伝統的な寺院儀礼の宝庫となる貴重な文化財を多く蔵し、世界各地から多くの参詣に訪れるこの地で、共に学んだ空間を発信していきます。伝統技術を含めた次の時代の建築を担う学生らが「弘法大師（空海）生誕1250年」の年に、境内に合宿にて建築の実現をいたします。

公開プレゼンテーション　**9.17**^(日)　建築学生ワークショップ仁和寺
　　　　　　　　　　　　　　　　　　　計画地：京都・仁和寺境内　　会場：仁和寺 二王門 北側　　京都市右京区御室大内33
建築学生ワークショップ仁和寺 2023 公開プレゼンテーション観覧者募集｜2023年9月17日（日）09:20-18:00｜仁和寺 二王門 北側
交通：嵐電（京福電車）「御室仁和寺駅」より徒歩3分｜参加費：無料｜申込：要｜https://ws.aaf.ac｜定員：300名（事前申込制）
　　　　　　　　　　　　　　　　　　　　　　　　　　　　　　　　　　　付録：プロセス（実施制作に向けた経緯）

建築学生ワークショップ仁和寺2023　公開プレゼンテーション

　今春に全国から公募にて募りました、建築や芸術、環境デザインを学ぶ国内外の参加学生ら約60名が、合宿（期間：9月12日から18日）にて仁和寺に滞在し、古代からの歴史的文脈に基づいた小さな建築を10体、9月17日（日）仁和寺境内に実現します。

　また9月17日（日）9時20分より、仁和寺二王門北側にて開催される公開プレゼンテーションでは、参加学生が提案意図や制作の創意工夫を発表し、国内外で活躍する建築家や構造家をはじめとした全国の大学で教鞭を執られる先生らと技術者による講評会を開催します。

　大学や専攻、年齢も異なる次世代を担う参加学生たちが、歴史的に貴重な日本の聖地の環境に触発され、6月より現地のリサーチを重ねた経験に基づき、合宿での地域滞在型制作ワークショップにより柔軟な発想で制作した作品の発表とともに、厳しくも温かい講評者の貴重なコメントを合わせてお聴きください。古都の教えに学びながら提案し、豊かな発想力のもと実現した小さな建築空間に存在する、新たな価値の発見に迫ります。

特定非営利活動法人アートアンドアーキテクトフェスタ

仁和寺 二王門　　　　　　　　　　　　　　　　　　　　仁和寺 御殿【宸殿】

建築学生ワークショップとは？

　建築ワークショップとは、建築や環境デザイン等の分野を専攻する学生がキャンパスを離れ、国内外にて活躍中の建築家を中心とした講師陣の指導のもと、その場所における場所性に根づいた実作品をつくりあげることを目的として開催されてきた試みです。2001年度から始まったこのワークショップは過去に山添村（奈良県）・天川村（奈良県）・丹後半島（京都府）・沖島（滋賀県）などの関西近郊の各地で行われ、それぞれの過疎化した地域を対象に提案し、市や街、村の支援を得ながら、有意義な成果を残してきました。

　第10回目の開催となった2010年度より、新たに今までの取り組み方の志向を変え、一般社会にも投げかけてゆけるような地元の方たちと共同開催での参加型の取り組みとなっていくことを目指し、「平城遷都1300年祭」の事業として、世界文化遺産（考古遺跡としては日本初）にも指定されている奈良・平城宮跡で開催しました。続く2011年度は滋賀・琵琶湖に浮かぶ「神の棲む島」竹生島（名勝史跡）にて、宝厳寺と都久夫須麻神社と共に開催。2015年は、開創法会1200年となる100年に1度の年に、高野山・金剛峯寺（世界文化遺産）の境内をはじめ周辺地区での開催をし、2016年には、昭和58年11月7日に聖地・キトラ古墳で、ファイバースコープによって北壁の玄武図が発見されてから30年を経て、公開される直前のキトラ古墳と国営飛鳥歴史公園の開演プレイベントとして、キトラ古墳の麓に小さな建築を8体実現。2017年には、国宝根本中堂「平成の大改修」始まりの年に、「古都京都の文化財」の一環としてユネスコの世界遺産に登録された、京都市と大津市にまたがる天台宗総本山・比叡山延暦寺にて開催。そして2018年には、天皇陛下が生前退位をされる平成30年、「満了する平成最後の年に」伊勢にて開催。2019年は「平成の大遷宮完遂の年」に、出雲大社にて開催いたしました。そして2020年、世界中が影響を受けた情勢により開催が危ぶまれましたが、約1300年前に、疫病の復興を願われて建立された盧舎那仏（大仏様）のおられる学問の初の聖地、東大寺にて開催を果たし、2021年の開催は、鎮座百年を経た明治神宮にて開催。2022年には大鳥居の大改修が行われている厳島神社での開催を経て、2023年は弘法大師（空海）生誕1250年の年に、古都・京都、仁和寺での開催が実現します。

　このような日本における貴重で特殊な聖地における環境において、地元の建築士や施工者、大工や技師、職人の方々に古典的な工法を伝えていただきながら、日本を代表する建築エンジニアリング企業・日本を代表する組織設計事務所の方々や多くの施工会社の皆様、そして建築エンジニアリング企業の方たちによる技術者合宿指導のもと実制作を行い、地元・地域の多くの方たちによる協力のもと、原寸の空間体験ができる小さな建築物の実現と、一般者を招いた公開プレゼンテーションを行う等、これまでにない新たな試みを実施する『全国の大学生を中心とした合宿による地域滞在型の建築ワークショップ』です。

2010 奈良・平城宮跡　　　2011 滋賀・竹生島　　　2015 和歌山・高野山　　　2016 奈良・明日香村　　　2017 滋賀・比叡山

2018 三重・伊勢神宮　　　2019 島根・出雲大社　　　2020 奈良・東大寺　　　2021 東京・明治神宮　　　2022 広島・厳島神社

御影供の還列

公開プレゼンテーションの開催にあたって

アートアンドアーキテクトフェスタ　AAF ｜ 建築学生ワークショップ 運営スタッフ

９月１７日（日）：全国の大学生たちが小さな建築を、仁和寺境内に１０体実現。

　２０２３年夏、古代より現代に受け継がれてきた、わが国を代表する神聖な場所、仁和寺境内にて、小さな建築空間を実現する建築学生ワークショップを開催します。888 年に建立された寺院・仁和寺は、皇室出身者が住職となる門跡寺院として幕末まで最高の格式を保たれ、国内でもまれにみる皇室とゆかりの深い寺院です。この神聖な場所において「弘法大師（空海）生誕１２５０年の年」に開催いたします。

　「神聖な場所を受け継ぐワークショップ」として開催するこの取り組みは 2001 年から始まり、過去に山添村（奈良県）・天川村（奈良県）・丹後半島（京都府）・沖島（滋賀県）などの関西近郊の各地で行われ、それぞれの過疎化した地域を対象に関西の学生らが提案し、開催地の支援を得ながら、有意義な成果を残してきました。2010 年からは、新たに今までの取り組みの志向を変え、開催地の方たちと広く、一般社会にも投げかけてゆけるように、共同での開催となることを目指し、平城宮跡や竹生島、高野山金剛峰寺や明日香村キトラ古墳、比叡山延暦寺、そして伊勢神宮、出雲大社、東大寺、明治神宮、厳島神社をはじめとする、日本の "聖地" とよばれる場所を開催地としています。公募により全国から集まった参加学生たちが、これらの特有な場所がもつ神秘的な力に対してどのようにリサーチし、向き合うのかを検討し、空間体験のできる規模（原寸大の建築）を制作し、建築のプロセス全体を体験する機会として開催してきました。

　本開催は、公募した参加学生たちを５月末日に選定し、１０の班に分かれて、６月１０日（土）に全国から京都に集まり、現地調査を開始します。仁和寺では、開催テーマとしての位置づけにもあるこの場所が持つ特有の力や意味を身体で感じ、その中から各々の班で発想の原点を見出していきます。さらに周辺地域の街歩きを繰り返し、いま現代に生き、仁和寺で学んでいることへの意味をみずから問うていきます。

2021年4月16日（金）座談会

2022年3月29日（火）現地視察

2023年4月11日（火）アドバイザー会議 計画地ご案内

2023年5月11日（木）参加説明会（東京大学）

2023年5月16日（火）参加説明会（京都大学）

2023年6月10日（木）現地説明会

AAF 運営スタッフ
宮本 勇哉（神戸芸術工科大学 修士2年）　　杉田 美咲（畿央大学 4年）
森本 将裕（アートアンドアーキテクトフェスタ）　奥西 真夢（東京理科大学 修士1年）
山田 奈々生（関東学院大学 4年）　　　　　　森山 舞優（京都橘大学 2年）

　具体的に各班に分かれ考えはじめた学生たちは、初対面となる参加学生たちとのグループワークに戸惑い、人によって場所の読み取り方や価値の感じ方に違いがあることを知り、このワークショップで実現する建築の原点となるコンセプトの決定に頭を悩ませます。当然、それぞれ異なるバックグラウンドで学び、学部1年生から修士2年生という様々な学年の学生が集まるため、班内での話し合いすら難航する場面も多く見られます。工学部における通常の建築学科で課される設計課題は、実際の敷地に仮想の建築物を設計する課題であることが多いため、この取り組みのような実際の場所に対し、自分たちで考え出したものを自分たちで施工する過程の体験をしたり、場所の所有者や利用者と直接話したりする経験はそう簡単には得られないから当然です。実際に小さな建築空間が実現するまで、スケッチや図面、模型だけでなく、多くの人のアドバイスや協力が不可欠であることを学び、様々な苦労を担いながら互いに協力し合うことだけが、完成に導くための機会となります。建築を学ぶ学生たちが古都・京都の歴史環境に心を寄せ、新たに建築空間の力を備えて「実際につくる」という取り組みは、これまでにない貴重な試みです。参加した学生たちに、将来どのような影響と意義をもたらすのか、非常に楽しみです。

　7月15日（土）の提案作品講評会では、国内外にて活躍をされる建築家の先生方を中心とした講評者の指導のもと、日本における貴重で特殊な環境における場所性に根づいた実作品をつくりあげる意味を問い正され、7月16日（日）の実施制作の打合せでは、地元の建築士や施工者、大工や技師、職人の方々に伝統的な工法を伝えていただく機会を得ながら、日本を代表する組織設計事務所の方々や多くのゼネコンに所属される技術者の皆様による実技指導をいただきます。若者として今後の可能性をもつであろう参加学生たちにとって、建築の考え方の基礎となる「思考の構造」となり得る経験になり始めます。さらに、そのような貴重な経験を通して得た同世代の仲間たちは、学生生活以後、建築の活動を続けていく上で、お互いに刺激し合い、高め合っていける「生涯続く仲間」になっていくのでしょう。

　9月17日（日）、参加学生たちが制作した小さな建築が10体、仁和寺境内に実現します。当日は、これらのプロセスを経て創出した建築空間を1日だけ、どなたでも体験していただけます。そして、建築・美術両分野を代表する評論家をはじめ、第一線で活躍をされている建築家や美術家の方々、世界の建築構造研究を担い教鞭を執られているストラクチャー・エンジニアによる講評者にお集まりいただき、公開プレゼンテーションを開催いたします。京都をはじめとする近畿周辺の多くの方たちや、これまでの開催地の関係者の皆さま、そして全国から集まる建築に関わる関係者や一般参加者に向けた発表を行います。

　建築のプロセスに胸を躍らせる3ヶ月。参加学生たちが古都に存在する歴史や伝統を学び、この文化に位置づけた解釈を生み、御室御所と呼ばれる寺院に存在し続ける建築様式に連なり、訪れた人たちの心を落ち着かせ、祈りを捧げるような空間体験と提案の発表に、どうぞご期待ください。

2023年6月1日
宮本勇哉 杉田美咲（AAF｜建築学生ワークショップ2023運営責任者）

「仁和寺・高松宮記念書院」
4月7日（火）13：00〜16：00

アドバイザー会議　　　全国から応募し選出される参加学生の決定に先立ち、建築や芸術、環境やデザインを学ぶ学生（学部生・院生）らの提案・制作の指導・補助、材料提供・手配、実施におけるアドバイザー（建築技術者）の皆さまに実施の交流を促すため 2021 年より設けましたこの集まりは、近い将来、わが国の建築界を担う後進に向けて、実務経験豊富な建築技術者の皆さまから指導を頂戴できる、貴重な機会を共有する目的。本開催に継続的な支援をくださる、エンジニアリング企業の旭ビルウォール代表の櫻井様が先頭に立ち、近畿を中心とする建築技術者の皆様と、開催全体のスケジュールを共有し、提案作品講評会（本年：7/15 土曜日）と、翌日の実施制作打合せ（本年：7/16 日曜日）に向けて、本年の開催が始動いたしました。

アドバイザー会議の様子

仁和寺執行長 大林様よりご挨拶

仁和寺財務部管財課、財務部拝観課課長・金崎様よりご挨拶

金崎様による、境内（計画地）のご説明

金堂での拝観と金崎様よりご説明

金崎様による、境内（計画地）のご説明

制作場所（広場）ご案内

アドバイザー様代表 片岡様よりご挨拶

懇親会の様子

平沼先生よりこれまでの経緯説明とご挨拶

講評者（代表）のご挨拶・腰原先生

講評者（代表）のご挨拶・佐藤先生

旭ビルウォール代表取締役 櫻井様よりご挨拶

東京会場　東京大学 弥生キャンパス（農学部・弥生講堂アネックス）
5月11日（木）18：30〜20：00

参加説明会　基調講演　　五十嵐太郎（建築史家・建築批評家・東北大学教授）

1967年生まれ。1992年、東京大学大学院博士課程修了。博士（工学）。現在、東北大学教授。あいちトリエンナーレ2013芸術監督、第11回ヴェネチア・ビエンナーレ建築展日本館コミッショナー、「戦後日本住宅伝説」展監修、「3.11以後の建築展」ゲストキュレーター、「みんなの建築ミニチュア展」プロデュースを務める。第64回芸術選奨文部科学大臣新人賞を受賞。『日本建築入門-近代と伝統』（筑摩書房）ほか著書多数。

講演会場

会場の様子

五十嵐先生による講演の様子

　コロナ渦の情勢を受け中止を余儀なくされていた東京大学での4年ぶりの開催となった記念講演会。会場には関東近郊から東北まで幅広い学生が意欲を持って集まった。マスクを外し、講演を真剣に聞く聴講者の表情が見えることが印象的であり、コロナ渦をようやく乗り越え、積極的に行動できるというあたりまえの日常が現実になったことに明るい未来を感じることが出来た。

　参加説明会に合わせた開催記念講演会には、学生生活の最も濃密な時間を過ごされた場所である東京大学ご出身の建築史家・建築批評家の五十嵐太郎先生にご登壇頂いた。まず過去の建築史家・建築家の言葉を用いながら、建築史の存在意義を語られた。工学系の学部では常に新しいものに価値が見いだされるが建築には唯一歴史があり、歴史を学ぶことは建築学の背骨となり設計の指針になること、教養を豊かにすること、批判的な精神を育み惰性を生まないことに繋がるというお話や、学生時代と今の仕事の関連性を私たちに示してくださった。自身の学生時代は、1985年から博士論文を書ききる2000年までのおよそ15年間という長い期間であった。その長い学生期間を「人生のうちで一番自由に本を読めた時期」と語るように、学生期間の多くの時間を読書に費やした。一人で5つもの読書会を開催されており、これが思考の深みに触れ高みを知る機会となり、この時過ごした濃密な時間が人生のルーツになったそうだ。また、さまざまな本に触れながら書いた学生時代の論文や同人雑誌が、すべての出版した本に関係があり、そこに派生されるまでの経緯について詳しく紹介してくださった。

　1997年に発表された「エヴァンゲリオンの快楽原則」。博士課程の頃、エヴァンゲリオンのテレビ放送があり、エヴァンゲリオンの論争が白熱し多くの謎本が発行される中、エヴァンゲリオンについてきちんと批評する場としてこの本が生まれた。建築とは全く別ジャンルであると思われるアニメの世界だが、実写とは違い一から全てを作りあげるSFの中の都市形成や空間性に着眼した。そもそもは学部4年の卒業論文で鈴木博之を師とし、空想上の建築に興味を持ち、ジャン・ジャック・ルクーの空想の建築図について研究していたことが基盤となる。その興味が延長し、エヴァンゲリオンについて執筆していた博士の頃、磯崎新主催の展覧会でジャン・ジャック・ルクーについて関わらせてもらうことになった。その展覧会会期後、打ち上げの場で磯崎新がエヴァンゲリオンに興味を持っており、自身の出版した本を読んでいたとのことで熱く議論でき、自身に興味を持ってくれた。このことが磯崎新と協同の仕事や、対談など数々の著書につながったという。自身の取り組みがその後思わぬ形で仕事に繋がり、どのように役立つかは想定を超えてくる。

学生時代に懸命に興味の対象に打ち込み、追求することが必ずどこかに繋がりを持ち今後の人生の糧になっていくという話に勇気づけられた。

　次に、メディアに携わるきっかけとなった大学院時代の同人誌「エディフィカーレ」。原広司研究室と歴史系研究室の数名で、意欲ある学生と議論した取り組みを、インターネット公開ではなく製本し、仲間と共に編集社や建築家のもとへ手渡しで紹介して回った。それが功を奏して、GAJapan や 10+1 で執筆する機会が与えられた。振り返るとこの同人誌がきっかけで批評の道が開かれたという。その後もこの活動が転じて、建築雑誌の編集長や SENDAI SCHOOL OF DESIGN に繋がっている。他にも、チェルノブイリ原発事故に影響を受け作成した卒業制作やオウム真理教の地下鉄サリン事件、9.11 同時多発テロなどを背景にした「新宗教と建築」・「戦争と建築」。排除ベンチや排除アートの増加を受けた「過防備都市」。2020 年女性ホームレスが殺害されたことがきっかけで出版した「誰のための排除アート？」等の出版までの経緯をお話しいただき、時代背景を絡めた建築の読み解き方と批評への結び付きの着想をお聞きすることができた。

　そして、講評者として参加していただいている視点から建築学生ワークショップの魅力についても 5 つの点にまとめてご紹介いただいた。まず普段では絶対に建てられない歴史建築のそばに建築の実現が出来ること。次に、聖地において普段は容易に立ち入ることが出来ない場所で聖地関係者の方々から直接話を聞き、学ぶことができること。また模型や提案だけではなく実寸のスケールで建てることでリアルな空間体験ができること。セルフビルドで材料の重さや強度を体感する経験は人生を通した大きな糧となる。そして学校や学年が全く異なるグループが構成され、共同体験を学べること。最後に特筆すべきなことは、講評者に多種多様な視点があることである。毎年、建築に直接関係する分野だけでなく、美術評論家や社会メディアを代表する方などの様々な視点から議論が交わされる。特に学内の教育プログラムでも類を見ない構造系のクリティークがあることが魅力である。構造が批評軸に含まれることが特異な点であり、本ワークショップにおいて大変楽しみにしているとお話くださった。初めて参加された 2016 年の明日香村開催では、自立していたある班の作品が講評直前に崩壊してしまった。その構造を限界まで極めた姿勢がとても印象深く残っていると言い、建築学生ワークショップは、どこまで追求してつくれるかを実体験として学ぶ場であるとお伝えいただいた。

　SNS が日常化した私たち世代にとって、惰性で他者に時間を取られるのではなく、自身と向き合う博覧強記な五十嵐先生の姿が強烈に印象づけられた。私たち学生は本講演を通して、学生時代に自身の興味を極めて追求すべきであるという姿勢を学んだ。現在の取り組みが、将来直接的に仕事に繋がることはなくとも、必ず今まで蓄積した知識や時間は今後の人生を豊かにする経験となる。大学生という人生において最も重要な時間をどのように過ごすべきか。今一度じっくりと自身に向き合うきっかけとなった。また本ワークショップは参加する学生にとって「興味を追求すること」を体現する場である。888 年に創建され、弘法大師誕生 1250 年の年に仁和寺の長い歴史に受け継がれてきた背景や風土を読み解き、歴史に応答する小さな建築を実現してほしい。

杉田美咲（畿央大学 4 年）

宮本勇哉（神戸芸術工科大学大学院 修士 2 年）　奥西真夢（東京理科大学大学院 修士 1 年）

京都会場　京都大学 吉田キャンパス（百周年時計台記念館・国際交流ホールIII）
5月16日（火）18：30～20：00

参加説明会　基調講演　平田晃久（建築家）

1971年大阪府に生まれる。1997年京都大学大学院工学研究科修了。伊東豊雄建築設計事務所勤務の後、2005年平田晃久建築設計事務所を設立。現在、京都大学教授。主な作品に「桝屋本店」(2006)、「sarugaku」(2008)、「Bloomberg Pavilion」(2011)、「kotoriku」(2014)、「太田市美術館・図書館」「Tree-ness House」(2017)等。第19回JIA新人賞(2008)、第13回ベネチアビエンナーレ国際建築展金獅子賞(2012、伊東豊雄・畠山直哉・他2名との共働受賞)、LANXESSカラーコンクリートアワード(2015)、村野藤吾賞(2018)、BCS賞(2018)、日本建築学会賞(2022)等多数受賞。

講演会場

会場の様子

平田先生による講演の様子

　マスクの着用が任意となりコロナ前の日常が戻りつつある中、今年度ワークショップの開催地である京都で学生時代を過ごし、現在では京都大学で教鞭を執られる平田晃久先生にご登壇いただき、学生時代や伊東豊雄先生の事務所での経験がどのように現在に繋がったのかを当時の写真と共にご紹介いただいた。平田先生のたくさんの懐かしい思い出話に、学生の真剣な眼差しが注がれていた。

　伊東豊雄先生の事務所にいた頃、毎年ヨーロッパで選出されている欧州文化首都として2002年に選ばれたベルギーの水の都、レースの街として有名なブルージュから、伊東先生にシンボルをつくってほしいと依頼があった。中世の建築が現存する街の広場にある教会跡にパビリオンをつくるプロジェクトだが、これを中山英之さんと一緒に担当することになったという。1/1をつくるまでに模型を作って検討するのだが、まず通常全面的に両側からパネルでサンドイッチして硬い板にするハニカムプレートを部分的に補強するだけで構造体にできないかという実験をした。最終的に伊東事務所のガレージでアルミを使ってハニカムを実際に手作りし、形を組んでパッチを貼ると保ったのだが、いざ支えを外す段にバリバリと音を立てて壊れてしまった。結局、接着剤できちんと固めて再度1/2の模型の制作に成功する。しかし実際の1/1では接着剤ではダメで溶接をする必要があった。やはり建築は新しい工法を考える時に、エキサイティングなことが起こるのだと感じたそうだ。

　伊東事務所では「現場性」というものを叩き込まれたが、独立してからも現場で体験する重要性をとても感じているという。京大生の頃に竹山研究室でミラノトリエンナーレやギャラリー間での展示に取り組み展覧会の設営を実際に体験して感じたこと、独立当初にはご両親の自宅をコンクリートでつくろうと提案し、模型も型枠を組んでコンクリートでつくったというお話、ミラノサローネに招かれ展示を考えた時の経験まで、限られた時間の中で取り組むワークショップに似たスリリングさがあったという。

　松江に住む学生時代の友人の住宅を設計することになり、友人の好みのデザインや建築は十分に知っていたが、出雲大社や松江の地元の感覚を見てもらいたいといろんな場所に連れて行かれた時、相手の頭の中の曖昧な状態をそのまま建築にできたら面白い、そ

の感覚は公共建築で多くの人の意見を聞いて 1 つの公共の場を作り上げることと近いのではないかと思ったそうだ。設計した住宅の屋根はあえて分厚い屋根にすることで、そこにしかない特別感を建築に与えた。和風なのか洋風なのか、現代的なのか伝統的なのか、言葉では対立軸として捉えられがちなものも実際にもので考えると多様な考えが一つになったようなものができるのはないか、空間の在り方として定着するのではないかと考えたという。学生時代に多くの議論を交わした仲間の家をつくれたことは非常に貴重な機会だったが、あまりにも議論しすぎて 5 年かかったと笑顔でお話されていた。

　修士論文では、何かものを考えることといろんなものをどう配列するか、並べるかということは実はすごく関係していて、博物館や図書館などのタイプの建築はその時代の人の考え方の型を反映し、空間化した建築なのではないか、ということを書いていたそうだ。台湾大学のプロジェクトでは、展示が行われる場所だけではなく学びの場や制作の場、教育の場のようなものが関わり合いながらインタラクトとして 1 つの大きなフォーラムを作り上げていくというような、全く新しいタイプの美術館であり博物館でありホールなのだというプロジェクトとして提案した。これは平田先生が学生時代に考えたことが、初めて一つの形になったプロジェクトであったという。

　平田先生の「学生時代は種になるような考えが生まれる時」という言葉がとても印象的であった。未来に繋がる発見や考えが種ならば、私たち学生は雑誌や SNS を通じて咲いた花ばかりを見ていることが多いのかもしれないと感じた。つい綺麗な花（完成形）に目を向けてしまうものだが、そこでどんな種（発想）から花が咲いたのかという繊細なところを追求することで発見や考えが未来に繋がり、その花の過去いわばそのものの歴史を知ることができると考える。いろんな物事の種になるような考え方を学生時代に見つけられるように心がけたいと思った。

　本ワークショップは、素材の重さや手触りを体感できる機会である。1/1 に近づく程大きな問題に直面し小さな模型ではわからなかった問題点が見えてくる。参加学生にはとにかく早く 1/1 に近い模型を制作してもらいたい。モノづくりには理論では解決できないことも起きてしまうのだと学ぶことができる。簡単に量産品を購入してくるだけでなく、材料一つ一つの選定からたくさんのエキサイティングなことにぶつかってもらいたい。ここでは建築家だけでなく美術やファッション、メディアなど他分野に精通している方々の幅広い視点から意見をいただくことができる。固定概念に捉われず、そこにしかないもの、そこでしか感じることができないような考えを転換させて特別なものを提案できると、新素材や新構造でなくても、人を感動させられるものができるのだと体感することができると思う。歴史や風土を読み解き建築を設計していくだけではなく、しっかりその建築が未来にどうあるべきか、何のために建てるのかを予測し提案することで、その建築から経緯や役割が感じられ、人から必要とされるものになるのだと感じた。

　仁和寺の長い歴史から素材を見つけ、その素材が未来を示す小さな建築の実現に期待する。

森本将裕（アートアンドアーキテクトフェスタ）　宮本勇哉（神戸芸術工科大学 修士 2 年）

杉田美咲（畿央大学 4 年）　森山舞優（京都橘大学 2 年）

「仁和寺 御室会館 地下会議室」
6月10日（土）10：30〜18：00

現地説明会・調査　　現地にて、各計画候補地の視察と調査を行い、課題テーマに対するコンセプトを発表しました。

　はじめに主催者より、開催概要、経緯、開催地の説明を行い、開催テーマを発表しました。仁和寺執行長大林様にミニレクチャーをいただきました後、仁和寺の金崎様より実際に境内をご案内いただき、境内の歴史・伽藍配置、年間を通してのおまつり・法要についてご教授いただきました。その後、現地視察を経て各班の計画地を決定しました。後半では現地説明を行い、神聖な地において、何を表現し、伝えたいのか、そのための手法や方法を検討し、具体的な提案まで構想を進め、後半より駆けつけてくださいました、腰原先生、櫻井社長、長田先生、佐藤先生、平沼先生をはじめとする構造家、建築家の皆様より、コンセプトワークをご指導いただきました。

建築学生ワークショップ仁和寺2023 集合写真

仁和寺執行長・大林様によるミニレクチュア

仁和寺財務部管財課、財務部拝観課課長・金崎様よりご挨拶

現地説明会の様子

参加学生正式参拝

仁和寺・金崎様による、計画地のご案内①

仁和寺・金崎様による、計画地のご案内②

制作場所視察

現地説明を受けた後、各班でテーマとコンセプトづくり①

現地説明を受けた後、各班でテーマとコンセプトづくり②

現地説明を受けた後、各班でテーマとコンセプトづくり③

各班で決定したコンセプトの発表・講評①

各班で決定したコンセプトの発表・講評②

東京会場　東京大学生産技術研究所　腰原研究室

7月1日（土）13：00〜17：00

各班エスキース 東京会場　参加講評者：腰原幹雄　櫻井正幸　長田直之

各班の作品のクオリティを高める取り組みとして「各班エスキース」を開催いたしました。東京会場は東京大学・腰原研究室にて、腰原先生、櫻井社長、長田先生がご参加くださいました。会場間を skype で中継し、先生方より各班の提案作品に対し、大変貴重なご指導を賜りました。

東京会場参加メンバー集合

東京会場の様子①

東京会場の様子②

東京会場の様子③

東京会場の様子④

東京会場の様子⑤

東京会場の様子⑥

東京会場の様子⑦

東京会場の様子⑧

東京会場の様子⑨

大阪会場　平沼孝啓建築研究所

7月1日（土）13：00〜17：00

各班エスキース 大阪会場　　参加講評者：陶器浩一　芦澤竜一　平沼孝啓　片岡慎策

各班の作品のクオリティを高める取り組みとして「各班エスキース」を開催いたしました。大阪会場は平沼孝啓建築研究所にて、陶器先生、芦澤先生、平沼先生、片岡先生がご参加くださいました。会場間を skype で中継し、先生方より各班の提案作品に対し、大変貴重なご指導を賜りました。

大阪会場参加メンバー集合

大阪会場の様子①

大阪会場の様子②

大阪会場の様子③

大阪会場の様子④

大阪会場の様子⑤

大阪会場の様子⑥

大阪会場の様子⑦

大阪会場の様子⑧

大阪会場の様子⑨

仁和寺 御室会館 2Fホール

7月15日（土）13：00〜17：30

提案作品講評会　　　1泊2日にて「提案作品講評会」と「実施制作打合せ」による具体的な施工方法の検討会を開催しました。

1日目には、各班より提案作品の発表を行い、技術者合宿指導の中心を担われる施工者代表者、そして、日本を代表される多くのプロフェッサー・アーキテクトや、ストラクチャー・エンジニアによる講評会を実施しました。仁和寺執行長の大林様にも講評に加わっていただきました。

総評の様子

大林執行長様より開会のご挨拶

講評者の皆様

アドバイザーの皆様

2班発表の様子

6班へのクリティークの様子

7班発表の様子

質疑応答の様子

講評者様・アドバイザー様への計画地のご案内（金崎様）

夕食後のクリティーク

仁和寺 御室会館 ２Ｆホール

７月１６日（日）０９：００〜１７：３０

実施制作打合せ
2 日目には、各班の設計趣旨と、前日の講評結果を受け、日本を代表する組織設計事務所や施工会社より技術指導をいただくため、多くの技術者をアドバイザーに迎え、各班の制作準備となる素材決定や加工方法、実制作の準備や発注、試作から完成に向けた具体的な施工方法の検討会を実施しました。制作場所となる広場も視察させていただきました。この日も大林執行長様もご参加くださり、前日から残ってくださった講評者の皆様と共に、再度練り直した案をクリティークしていただき、活発に議論を交わすことができました。

実施制作打ち合わせの様子

金堂にて朝のお勤め

注意事項確認（仁和寺 財務部管財課 書記 岩﨑様）

1班への発表の様子

3班への制作アドバイス

4班への制作アドバイス

5班への制作アドバイス

8班へのクリティークの様子

9班へのクリティークの様子

10班への制作アドバイス

❶班	千代の夢	参道中央	[W 3,000]×[D 3,000]×[H Air]
❷班	かさなり	金堂前（南東）	[W 3,000]×[D 3,000]×[H Air]
❸班	さとる	五重塔前（南西）	[W 3,000]×[D 3,000]×[H Air]
❹班	鏡心	経蔵前（南西）	[W 3,000]×[D 3,000]×[H Air]
❺班	わ	御室桜前	[W 3,000]×[D 3,000]×[H Air]
❻班	こゆるり	二王門前	[W 3,000]×[D 3,000]×[H Air]
❼班	ゆかり	御影堂前（南東）	[W 3,000]×[D 3,000]×[H Air]
❽班	紡ぐ	もみじ参道西側	[W 3,000]×[D 3,000]×[H Air]
❾班	滲静	勅使門前	[W 3,000]×[D 3,000]×[H Air]
❿班	X	九所明神前（南西）	[W 3,000]×[D 3,000]×[H Air]

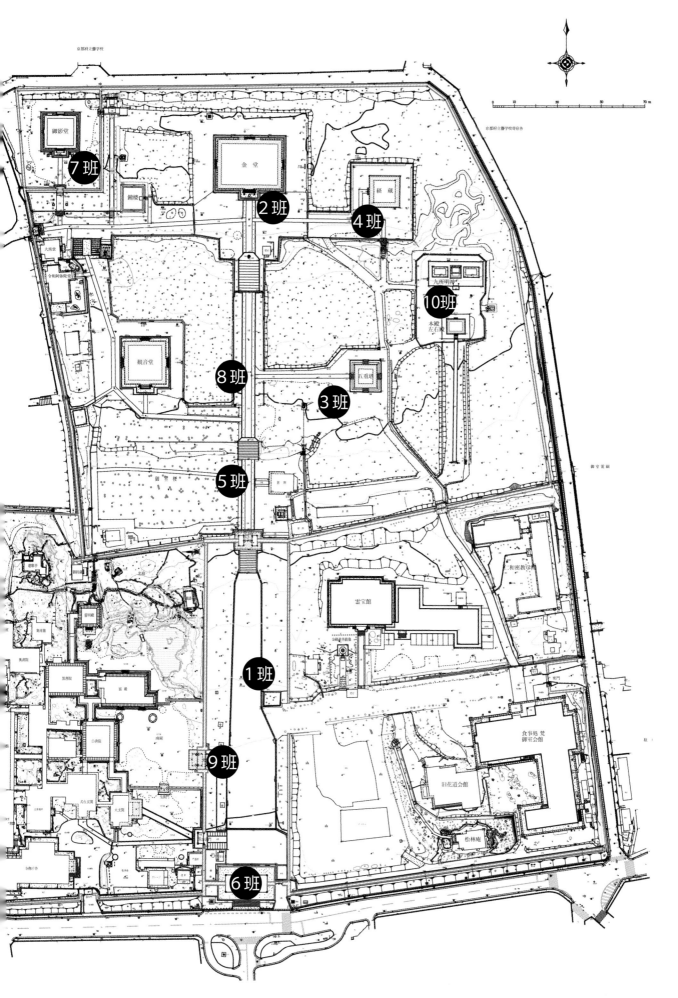

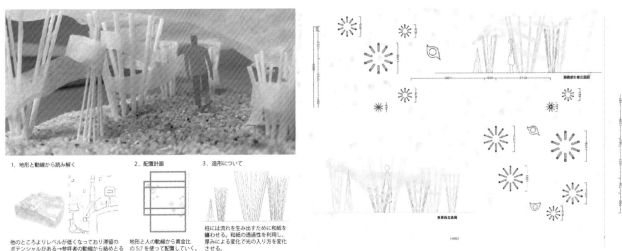

1. 地形と動線から読み解く
2. 配置計画
3. 造形について

他のところよりレベルが低くなっており滞留の
ポテンシャルがある→参拝者の動線から絡めとる

地形と人の動線から黄金比
の5:7を使って配置していく。

柱には流れを生み出すために和紙を
纏わせる。和紙の透過性を利用し、
厚みによる変化で光の入り方を変化
させる。

発表

　フォリー計画地が仁和寺伽藍の軸線上にあり、中心にあることから、仁和寺全体における「歴史」性についてを中心に据えて考え、時間変化という揺らぎに着目し、「時間」及び「変化」を感じることのできるフォリーを作っていく。仁和寺という千年以上続く長い時間を保有しているこの敷地に対して、我々の建てるフォリーは一日しか立たないという短い時間の中で存在するものである。ここには、「長い時間軸」の中に建てられる「短い時間軸」の儚さという対比がある。仁和寺が長い時間とその雄大さを持つものなら、フォリーを通して短い時間とその儚さを表現していくことでその対比を表現できるのではないか。

　このように考え私たちは、時間変化と儚さを表現するのを目標とし、「千代の夢」というタイトルでフォリーを制作する。「千代」が雄大な長い時間を示し、「夢」が短い時間の一瞬の儚さを示している。主な素材として、仁和寺の裏山の土を使ったフォリー制作に挑戦していく。土を使って土壁のようなものを製作し、それが時間と共に徐々に崩れていくものを目指す。敷地が参道上であることから、我々のフォリーは仁和寺を訪れた多くの人に接することとなる。土が崩れることによって、この作品は時間とともに常に姿を変えていくこととなり、一度として同じ姿であることはない。参拝者たちが仁和寺に到着して参拝に向かう道中でフォリーを見てから、一通り参拝をして戻ってきて再びフォリーを目にするまでの間にも、形は変化している。これにより仁和寺にいた間の時間変化を視覚的に体感でき、時間というものの儚さに思いをはせることができるだろう。

1班　千代の夢

講評

平田：この敷地はとても面白い敷地だなと思っています。他の敷地と違うのは、そばに印象的な建物がないことですよね。横に松の木が植わっていますが、あらゆるものから一定の距離を取ったような場所で、参道の道の太さが変わるきっかけになっているような場所で、結構面白い場所だと思うのですよ。その敷地に対してはただ置くのではなくて、何か周りとの関係を考えたことはありますか。その形に関しては、これを土でつくるためにどうしたらいいかに関しては結構考えているように思ったのだけれど、その前のところ、一体どこからそういう発想になったのか、もう少し説明してもらいたいです。

沖中：今仰っていただいたように、この参道の周りに特徴的な建物が無いということから、開けているという印象が実際に行ったときにもあり、その広さ、空間的な広さがとても意味のある場所だと思うと、ダイナミックで伸びやかな造形というものをやっても周りのものの雰囲気を壊したりしないだろうと、伸びやかな造形をつくるのに適しているのではないかなと考えました。

平田：この先端が何かを指しているわけではないのですか？

沖中　参道ではまっすぐ歩いていくという動きがあるので、それを少し引き込むような曲線でアクセントをつけることを想定しています。

國分：上に伸びている造形に関しましては、まずこの参道が、中心に向かってパースペクティブがかなり付けられている場所なので、それに対して上方向に造形物を持ってくることで、一点透視として見えていたものを上から三点透視みたいに、三角形で奥行きを持たせることができるのではないかと考えています。

平田：これ、敷地をつくるときにここまで、もう少しきちんとつくったほうがいいです。それとの関係でこの形がもっと説得力を帯びる考え方ができるのではないかと。

平沼：ここは二王門から中門までの抜群のロケーション、とても良い敷地ですよね。そこにベクトルをつくろうというのは見事だと思ったのです。ただ、この一枚の屋根からスロープ状に伸びているのだから、これは単に見るだけでなく、僕なら屋根の上に登りたいなと思います。腰原先生や構造の先生方がいらしているので、もう少し利口なやり方を整理してほしいです。それから規模がもう一回り大きいといいのではないかな。今回のテーマ、「何もない静けさ」の丘に、原風景を思い浮かべるものになるといいなと思いました。

大林：ここは確かに参道ですが、浄心の参道という名前がついているのです。二王門から入って、緩やかなスロープになって

班長　沖中 理帆子（東京大学 修士1年）
　　　赤瀬 唯（奈良女子大学3年）　　　國分 宏純（京都工芸繊維大学3年）
　　　戸田 学志（多摩美術大学3年）　　筒井 櫻子（北九州市立大学3年）
　　　松本 太樹（国立明石工業高等専門学校4年）

います。二王門から入る時にはお寺に入っていくという一つの心構えはありますが、一歩一歩緩やかな傾斜を進んでいき中門から先が本当のお寺の世界、広がりがある場所になるのです。つまりここは南の門から中門まで心を清めていく場所なのです。またこの道は、帰りも通ります。帰りは、金堂で手を合わせて、自分の祈りを仏に伝えてそして同じ道を帰っていく。その時に、中門から二王門を見ると、同じ目線の高さになっています。最初入る時は二王門がものすごく厳めしかったのが、帰りにはものすごく優しい門になる。多分、ここにお寺を建てた人は高低差を考えていたのだと思います。この場所を選んで何かをしようとするなら、行きだけではなくて帰りのインパクトも考えていただけると面白いのではないかと思いました。

腰原：新しい土壁、見たことない土壁をつくりたいですって言っていましたが、新しくないです。結局、枠をつくって、竹かごをつくって、土を塗りましただと、単に仕上げ材として土を使っているだけですよ。だからこの形なら、土壁というよりは土の板をつくれないのかを考える。平沼さんの「登りたい」を叶えようとするとハードルが上がるのですけれど、土をちゃんと圧縮材として使う。今までの土壁っていうものは単にせん断力を期待するだけのものなので、こういう鉛直荷重とか曲げモーメントを期待するのであれば、鉄筋コンクリートの解釈をどうやってコンクリートではなくて土でやるのか、で鉄の方は代わりに何を使うのか、そういったものがキャンチレバーで出てくると面白いだと思います。少し工夫をした方がいいと思います。

・空間構成

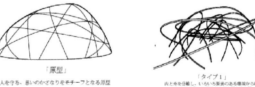

外側の層は複数の人と空間を共有する
糸でできた膜は金堂を見るフィルターとなる

内側の層を通すことで、外の層にいる人の
気配のみ感じることができる
人一人が座るのにちょうどよい広さ

「原型」
人を守る形、思いのかさなりをモチーフとなる原型

「タイプ１」
内と寺を仲介し、いろいろ祖先の知る機能から静
かな心の状態へと誘導する外空間と内空間

「タイプ２」
絹という素材を用いて空間をさらに瞹昧化させて
、曖昧化された思いに内包される引間となる

発表

　法要の音が響き渡る中、耳に響く荘厳な旋律に心が揺れ動く。一歩一歩と階段を昇りながら、金堂へと足を進める。

　寛永年間に移築された紫宸殿は現存する最古の紫宸殿となり、今日に至るまで大切に継承されてきた場所として人々の祈りの思いが結集されている。紫宸殿の移築や、祈りという大きな出来事と、毎日の整備や修繕といった小さな出来事が積み重なることで金堂の今が作られている。目を奪われる美しさがありながらも、心は不思議と鎮静へと導かれ、次第に金堂と仏様だけが存在する世界へと溶け込んでいく。その空間において、時間の流れは忘れ去られ、ただ神聖なる存在との対話に心を注ぐ。祈りの思いが心の奥底から金堂へと広がる。次第に過去の祈りと現在の願いが重なる原初的な空間を体感していた。この過去の祈りと現在の願いが重なる不思議な精神的空間をモチーフとし、「歴史との対話、自己との対峙」を精神的に体感できる空間を提案する。

　フォリーは二層によってできる空間であり、訪れた人は外側の面と内側の面の間の空間、外側と内側の二重に囲まれた空間の順に体験し、だんだんと閉じた空間に向かっていく。フォリーを外側から見ると、中心部は蚕が作る繭のように、内側で心を落ち着けている人を守っているようにみえる。これは、祈りを守り続けてきた金堂の役割とも対応している。この空間で、気持ちを落ち着け、仁和寺と歴史に思いをはせ、静かな祈りを体感できることを願い、このフォリーを提案する。

2班　かさなり

講評

長田：砂利とメッシュとワイヤーフレームで構造体にしようというのはすごいその可能性があると思うのですが、それでこの空間を作るのかというのが少しもったいないと思います。このモックアップの持っている可能性をもう少し引き出したほうがいいのではないでしょうか。このままだと内部空間はほとんどないですよね。洞窟みたいな空間、確かに内部に空間はできているけど、ここが気持ちよい空間になるかをあまり感じられないのがこの案の弱点かもしれません。やはり向こう側に行けるとか、上から光が入ってくるとか、通り抜けられるとか、そういうことがないと。確かに隆起してそのランドスケープに対してできるだけ繊細な表現でと言っていることはわかるのだけれどそこでとまってしまいます。もっと空間のスケールを倍くらいにするとか、反対側にも穴を開けるとか考えていけば可能性があると思います。

櫻井：蛇籠みたいに、外枠だけ凝っているのはつまらないです。あの形になっているのは砂利を目一杯詰めて、結んで密度上げて持たそうとしているのでしょうけど、その小さいパーツをいっぱい組み立てるのだったら、長田先生が仰っていたように、上の方に穴だらけで開けられないとか、そのようなことをスタディーしてくれたら面白くなるかな。

来栖：小さいパーツではなくて、1.5m幅くらいの帯みたいなものでアーチみたいにして作ろうかなと思っています。

櫻井：あ、そうなんですか。上に穴は開けられないのですか？開けてください（笑）。

来栖：開けられたら面白そうだなと思います。

腰原：開口補強になるようにアーチかけてあげればいいじゃない？

櫻井：それだと閉塞感ばかり強くなるかもしれませんから、穴の方が面白いなと思います。

平沼：これは、あらゆる年代の300人の人たちが体験することを想定していますか？皆さんが共有できるような空間を求めているし、そこを含めて考えることで提案している意図に沿うのかなと。今1500くらい？

来栖：1100くらいです。

平沼：1m上げるのは大変だと思うので、500上げて、500下げるとか、要は下を・・・

来栖：下げるという選択肢もあるのですか？

平沼：この場合、漉き取ればいいと思います。漉き取ったものを上に載せて、それをお戻しするっていうやり方。1.5く

かさなり　2班

班長　林 優希（日本大学 修士1年）
　　　張 銘浩（立命館大学4年）　　来栖 裕也（千葉大学3年）
　　　西脇 莉子（東京電機大学3年）　小山 遥加（武庫川女子大学3年）
　　　木下 翔（京都美術工芸大学1年）

らいの高さで抑えたいのはよくわかります。ですが、漉き取りつつ、一番向こうの方向は少しクリアにする隙間を計算して入れると、風が抜けるはずですよね。もしくはそのまま通過できるようにするか。その通過する側は2100くらいまでは上げてほしいですが、もう少し広範囲にそこに座れる椅子くらい置いてあげるとその意図を感じられるんじゃないかなと思いました。でも、上げると構造が大変になってくるので、相談しながら目指していくといいのではないかと思います。

腰原：この程度のシステムなら、さっきのモックアップは全然ダメです。構造的に何にもなってない。単に石がおもりになっているだけです。石をパンパンに詰めて周りのメッシュが引っ張られるぐらいにならないと、曲げ剛性が出てこないです。袋状に籠をつくるのはいいのだけど、中の石をどれくらい詰め込むか、詰め込めないと屋根が落ちますから、どうやって詰め込むのかを試さないといけませんから、そのサイズじゃなくて実物でモックアップつくらないといけません。模型だからできるんですよ。

平田：技術的な指導が結構多いのだけれど、僕から言わせたらこれもったいないです。「金堂の前に建てているから、金堂の姿が中から見えます」っていうコンセプトしかない。それだけなら金堂の前なんかに建てるなよと思ってしまいます。もう少し、この濃密な場所を選んでいるということに対してもう少し答えなければ、いくら技術的に詰まっていても、建築としてはつまんないのではないかと思います。たとえばその屋根みたいなものの形が空間をつくることによってできるのであれば、その金堂の屋根の成り立ちみたいなものと何かが響きあっているとか、何でもいいのですが全くそれなしでやっているっていうのは、あまりにも「建てることだけに偏っている」という感じがしますので、もっと考えた方がいいです。その形が放つ意味と金堂との関係とかすごく考えることたくさんあるし、切れ目がこのように入っている意味も、持たせることができるはずなのですよね。それを何にも考えないでやるのはマズいのではないかと伝えておきたいと思いました。

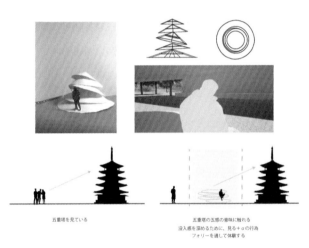

五重塔を見ている

五重塔の五感の意味に触れる
没入感を深めるために、見る+αの行為
フォリーを通して体験する

発表

　我々の敷地には、江戸時代に建てられた塔身 32.7m の五重塔がそびえたっている。一際オーラを放つ五重塔には、３つの意味があり、お釈迦様を祀る意味、少し小高い丘に建ち、古くから御室の街々から見ることのできるシンボリックの意味、そして初層部から最上層部までそれぞれの層に五感の意味を持つ。我々はこの中の、シンボリックの意味、五感の意味に注目した。価値のある建物のそばに来た時、触ること、中に入ることは普通はできず、我々は見るだけで、そのシンボリック性のみが記憶に残る。それでは十分にその価値を感じられないのではないだろうか。ここを訪れた者に、この五重塔のそばで五重塔を感じながらも思いを馳せる場所、「さとる」場所を提供することに意味があるのではないかと考えた。「さとる」場所では神聖さをさとるだけでなく、五感のうちの視覚、もしくは聴覚などを通して五重塔の本来の意味をさとることを可能とする。我々が提案するものの新たな価値の創造として、普段は入ることのできない神聖な空間が内包されている五重塔の側に我々が入ることを許される建築物を一時的に作り出すことで、その神聖さに近づくことができるようになる。見るという行為だけでなく、中に入るという体験ができることによって新たな記憶を生み出し、そこでの記憶をより強固なものにできるのではないかと考えた。

　我々は今一度、歴史的な価値のある建築物を訪れるということ、そこにあるのに触れられないということ、見た目だけではわからない価値というものを考え直さなければならない。

３班　さとる

講評

長田：ランダムではなくて比較的、材の向きは揃っているんですね。

小高：はい。比較的揃っていますが、人が揺らしたりすることによって、実際はこういう形に・・・

長田：固定されているところもあるということですね。スパンはどうやって決めているのですか。

小高：人が通ることができるように、約800〜900の寸法を取っていまして、ここで滞在できる空間を取れるようになっています。高さは2700です。実際にはもっと長さが欲しいなと考えています。

長田：場所の呼び込みとの関係性が少し弱いところがあることと、これ自体を決定してきた構造、構成みたいなものがわかりづらいです。また滞在する場所があるからとか通り抜ける場所があるからとか、それはそうなのだけれど、そんなことを知らないでこれを見て、この場所にふさわしくなっているかという逆の質問をした時に、これはまさにそうなっているねと言える方がいいと思うのです。個別の要素の積み重ねではなく、ある種全体が一つのメッセージにきちんとなっているような、そういう意味で何かもう少し考えられるといいなと思いました。

平田：結構面白いものが生まれるかもしれない気配みたいなものは感じるのだけれど、幾つかの点で根本的にヤバいところがあると思います。この五重塔のようにものすごく形がはっきりしていてシンボリックなものに対して、中途半端に四角形のものを置いていますよね。もう少し霞みたいに形のないものをつくる考え方で、現代的に展開できないのかなと思うのです。今そういう形になっているのは、ストラクチャーとして吊るす元の部分を通路にしようとしているからですよね。でも、吊るしている木片を組み合わせてストラクチャーの下から立ちあがる部分と吊る部分を混ぜるような状態にして、建物の下から支持されているもの全体で音が鳴るような、形がないみたいなものにすることができるかもしれないと思います。本気でやればね。それはこの建築がここの場所に建つということと、この音が鳴る破片みたいなものがちゃんと連なっているっていうことを突き詰めることができたら、凄いものになるのではないかという気がします。

櫻井：パースと模型がまず合わないのが参ったなと思いました。その模型を見る限り、ワクワクしないのです。この場所に美しくないものをつくられたら嫌だなというリスクが付きまとう。綺麗なものにはロジックや規則性、パターンがあって、本当に綺麗

班長　小高 結衣（京都工芸繊維大学4年）
　　　童 于倩（東京理科大学3年）　　松本 文典（静岡文化芸術大学3年）
　　　白石 悠喜（徳島大学3年）　　　伊藤 杏香（信州大学2年）

なものができるのだったら面白いだろうなとは思います。ただ音が鳴るのだというだけだと、それは引っかかる。例えばここを通った時に、何か仕掛けがあってどうしても触りたくなり、実際に触ってみると、音が優しく心地良いとか、何故なのだろうという疑問を持った人が構造を知って、なるほど、こういうことかという気づきや驚きがあったらいいのかもしれません。

平沼：伊勢開催の一等案のように、下から支えられているものと上から吊るされているものにきちんと区分けして、ストラクチャーをつくるといいと思います。平田先生が言われたことがキーポイントで、ストラクチャーが小さいものなのに、そこだけスタンダードなものを入れちゃったのがよくない。その部分をもっと考えていくと、何か魅力的なものになるのではないかなと思いました。

平田：あとは、もうちょっと大きくした方がいいですね。

平沼：そうね。50mくらい？（笑）

平田：これならもっとふわっと、広がるものだといいと思います。普通にやるとインテリア的なものができてしまうから、もう少し大きくないとできない感じをイメージしてほしいです。

小高：9㎡という縛りがあると思っていたので、それに合わせてつくったのでコンパクトになったのですが。

長田：この提案をつくるのに3m角だと一番中途半端です。もっと大きく、ディネーションを変えるのもいいですよね。

平沼：オーバースケールで考えていくのも一つ。ただ支えている側はちゃんと吊っている必要があります。

腰原：ただ固定した方からぶら下がって揺れていますという選択肢だけではなく、地面から生えているものがキャンティレバーで、上の方が揺れるっていう現象と、上からぶら下がっているもので下が揺れるという現象の両方の揺れをうまく乗せられると、何か面白い揺れ方をするのではないかと思います。だから、そんなにしっかりしたフレームを作るよりは、むしろ揺れるぐらいのフレームをつくる方がいいのではないかという気がします。

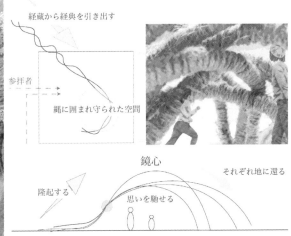

経蔵から経典を引き出す

参拝者

縄に囲まれ守られた空間

鏡心

それぞれ地に還る

隆起する

思いを馳せる

発表

　私たちの敷地である経蔵とは仏教の経典を保管する蔵のことである。経蔵内部には 6 体の仏像が置かれ、中心に回転書架である 8 角形の輪蔵がある。その輪蔵を回すことで収められた経典を読んだのと同じことになると伝えられている。私たちは、経蔵が現代において仏教の思想を伝え、その価値を象徴する役割を果たす経典というものを収める非常に重要な場所であり、仁和寺における精神性の中心と言えると感じた。しかし、普段は内部が非公開であることからその重要性は力を示せていないように見受けられた。仏教の持つ「心を映す鏡」としての側面。それを言語ではなく、経蔵周辺の空間を媒体として人々に感じてもらうことで、場所が持つ精神的な中心性を示すフォリーを提案する。

　経蔵周辺の空間を媒体とする上で、経蔵に秘められている経典を引き出すように、大地に秘められた仏教的精神が隆起するイメージを伝えるため、何かが引き出されているように見えるその形態は、参拝者の意識を経蔵内部に向ける。隆起の過程で発生する連続した歪なアーチによって作られる建築空間は、重なり合う麻縄の合間から差す光と麻縄が醸し出す独特の香りを参拝者が自らの感覚を通して感じ、そこで立ち止まる。その空間を、「心を映す鏡」つまり「思いを馳せる場所」として定義する。参拝者は、フォリーが作る日陰の空間で立ち止まり、各々がそれぞれの仁和寺や経蔵・経典に対する思いを馳せるのではないか。

　仁和寺における経蔵という立ち位置から、入ることができない経蔵と仁和寺が紡いできた歴史や美しさに思いを馳せることができる空間を提案する。

4班　鏡心

講評

腰原：構造と仕上げが一緒なのか一緒ではないのかがわからないです。枠を作って、仕上げとしてこういう形をやりますと言っているように見えてしまっているのだけれど、構造と仕上げの境界を分けずにどうやってできるかっていうのが、多分この規模でやる時のキーになると思うのです。ですからそこの整理の時に、仕上げ材のスケールで考えてしまうのか、構造体よりは細いけど仕上げ材よりは太いっていうボリューム感のもので、こういうことができるようになるといいのではないかなと思います。

平田：経蔵って、あのくるくる回るところですよね。そうすると、この円を描いているのは流れるようにつくっていくみたいな、そういうコンテクストと関係して考えているのですか？

田中：はい。経蔵の中に回転書架があってそれが回転するので、そういう求心性をこの形で取り入れてつくろうとしています。

平田：それはちゃんとプレゼンテーションで言った方がいいですよ。それから、その建物に入る時の入り方が結構重要な気がするのですけど、どうやって入るのですか。

田中：入口をアーチ状に開けて、そこから低めの入り口を開けて、くぐって入ります。

平田：ただ単にスポッと入るってこと？なんとなく嵐の中に巻き込まれたような感じの空間を想像しちゃうのです。人が半分回りながら入るような感じであるとかだと興味があるなと。自分が縄の運動みたいなのと半分同期してこの場所に入って何か体験できるとか、この経蔵の中に来る人とシンクロしたりとか、もう少しそういう発想がないのかなと思ったりします。それとちょっと小さいよね。入り方、体験、大きさも含めて、もう少しダイナミックなものになるように、考えて欲しいと思います。

長田：これは小さくないですか？潜って入っておしまいという体験しかできないと面白くないですよね。例えば回れるようにこの直径が5倍ぐらいあって二重になっているとか、それぐらい考えると全然違う体験になるのではないでしょうか。

田中：今は3mなのですが、これは実際には8mぐらいでできないかと考えています。

長田：高さ方向も確かにあるけど、大きさがまず必要なんじゃないかな、平面的に。

平田：平面的に大きいとこからスタートしたら、経が小さくなりますよね。最初は横方向の運動だったけれど、中に入ると垂直方向のプロポーションに変わるじゃないですか。ですのでこのままの構造だと、あまり高くすると成立しないのではないかなと思うのですがどうですか。

班長　田中 万尋（近畿大学4年）
　　　星野 倖嬉（芝浦工業大学3年）　　岡本 晃輔（滋賀県立大学3年）
　　　川本 真妃（関西学院大学2年）　　廣瀬 菜緒子（昭和女子大学2年）

腰原：外側のものは内側に絞っていて、中側のものは下から広がっていくっていう、この三角と逆向き三角が二重になっているので、2つの構造が寄り添うようになれば、そこから上は割と支えられて高くもできるようになるのではないかと。

長田：これを中に入れて？

腰原：いや、逆から。それが下で、それをひっくり返して、それをこうやるとこうなって・・・

平田：（笑）このように、これを見たら、例えば僕らだったらすぐ思いつくんだよね。でもこれはこの縄の構造だからできるんです。固定的なものじゃなく隙間だらけなので、完全にドーム状にしてしまうより、もう少し動きのあるものに変えたら驚くと思います。

腰原：基本構成はそうなのだけど、それを螺旋状に積み上げていけば、口が開いていたり、形が歪んでいたりというものが生まれてくるのではないかなと思います。

平沼：他の班もそうですが、設計している時に浮かんだ施工手順から、どんな空間体験ができるようなものにしたいと思っているのかまで、全てこの場で示すといいんでしょうね。今、腰原先生が言ってくださったように、自分たちが1つ1つバラバラに考えていたものを逆に繋いだだけで、こういうことができるのか、とわかることがあったと思います。その手順を示されると人は感動するものなのです。あのパースを見ていると、空に向かってもっと高く、3つぐらい積み上げるくらいの高さイメージだったのではないでしょうか。それぐらいの希望を多分みんなで持っているのだと思うので、是非実現してほしいなと思います。

完成形イメージパース

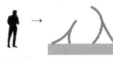

来訪者　　フォリー　　　御室桜

フォリーを通して御室桜を見ることで、桜の生命力や今まで行われてきた活動の集積など、来訪者は様々な思考を巡らし御室桜と正対する。

素材に新聞を用いることで人々の活動の集積を表す

誘導する動線

有機的な形状

根をはやすような形状

発表

　今回私たちが計画地としたのは仁和寺の名勝である御室桜の前である。仁和寺は応仁の乱により伽藍が全壊し、江戸時代になり再建された。その際に寺を営んでいく財源を確保するために整備されたものが御室桜である。仁和寺は真言宗という密教を基とした信仰を守り続けるために、境内を大衆に開くというある種矛盾したものによって、今日までその祈りを守り続けてきた。御室桜は門跡寺院だった仁和寺を、人々に開くために作られたいわば人工的に作られた自然だった。しかし、その御室桜によって仁和寺の「祈り」は受け継がれてきたのである。御室桜の特徴として背が低いことが挙げられる。これは地中に存在する粘土質の土壌により、桜が根を張れないためであるということが近年の調査によって分かったという。桜にとって良いとは言えない環境が皮肉なことに人々に好まれる風景を構築したのである。門跡寺院でありながら、大衆に開くための道具として使われた桜、より大きく成長しようとする意志に反して、低くなることを余儀なくされた桜。私たちは様々な矛盾を孕んだこの御室桜が、自身に何か大切なものを伝えていると感じた。

　御室桜の生命力が仁和寺に人々が居られる余白を作り続け、それによって仁和寺は今日まで存続してきた。御室桜が作ったその余白、営まれてきた活動の集積をこのフォリーで表現し、来訪者は生じたこの場を通して御室桜と正対する。生き物の生命や桜を通じて、自身の内面に何を感じるかは人によって異なるが、1日だけでもそれぞれが思う「わ」を感じてほしい。それは日々暮らしている中で忘れかけていた大切なものに気づくきっかけになるのではないだろうか。

5班　わ

講評

腰原：構造的には何とでもなる話なのでいいと思うのですが、空間的なものは生まれてくるのでしょうか。

徳家：境内から歩いて中門から出た時は全然空間を感じないのですけれど、列柱空間に入った時に空間がわかると考えています。

腰原：でもそもそもまっすぐ歩いてくるわけですよね。そこでどうして横を意識させることができるのですか？

徳家：全ての人に意識させるようにはしていなくて、気づける人だけが気づけるようなあり方を考えています。また、休憩所から見た時にははっきり動線が可視化されるようなあり方になっています。金堂から戻る時にも、階段の上のレベルからこのフォリーを見ることで動線が見えるようにと考えています。

腰原：構造的に柱をつくるのは簡単なので、やはり梁のフレーム、水平材のフレームまでつくって空間みたいなものを示してくれると何となくわかるのですが、細い材と透明な材で柱をつくりますというだけだと、それで終わりだと思います、やはりこれくらいのスケールのものをつくるのであれば、どうやって上の空間を切り取って見せるのか、水平材が耐えられるかというところまで考えてみないと、つまらないです。

平田：御室桜の入り口付近までこれが入っていくのかと思ったのだけど、だめなんでしょうか。今、結構草が生えていますが、水をキャッチするためだって先ほど説明で聞きました。結構雨が多いから、粘土層が流れていくため、草で湿潤度を保っているらしいです。激軽な構造でできるので桜に影響を与えない、ということが説明できるのであれば、もう少し草のあたりまで接近させてみたらいいのかもしれません。それからもう少し高くないと、この垂直なものをなんとなく見上げる動作、少し上を向かないと先端が見えないという動作を促すことが、結構ミソではないのかなと。ストーンヘンジでも横架材があることで建築になるっていうのは、先ほど腰原先生が言われたとおりなのだけど、例えば横架材がないのに建築の一歩手前みたいなもの、建築が生まれるちょっと手前みたいなものを、めちゃくちゃかっこよく見せようというのなら可能性があると思います。ただ、何かもっと別のことやらないといけないのかと。例えば大きいとかもう少し高いとか、その向こうまで続いているようなあり得ない連続体になっているとか、これで満足しない方がいいです。

腰原：高さはなぜこの寸法にしたのですか？できたのがここまでだからですか？

徳家：本当は 2m くらいでやろうとしていたのですが、実際に積んで見ると下の部分がだんだん座屈し、倒れてしまったからです。

わ　5班

班長　徳家 世奈（東京電機大学4年）
　　　古田 摩実（お茶の水女子大学3年）　鬼塚 己生（関西学院大学3年）
　　　平野 葵子（島根大学3年）　佐藤 駿佑（武蔵野美術大学2年）

腰原：それなら、そこをどうするかを考えたほうがいい気がします。

平田：少し高くしただけでも、全然違いますよ。

腰原：地面は触ってはいけないのだと思いますが、そんなに軽いのなら御室桜のところに上からそれをぶらさげて、列柱が連続させるようなことはできるのではないでしょうか。

平沼：うーん。。。台風がきたらどうなるのかなとか、風が吹いたらやばそうだなとかいろいろなところを考えてしまいます。かっこいいことをしたいのだろうなという意図はよく伝わるのですが、それをこの仁和寺でやるものなのかっていうのが疑問です。個人の作品展ではないのでね。

徳家：自分が考えたのは、自分のつくった建築だけで建築としての空間が成り立つようなものではなくて、花道と連続させることで初めて空間ができるというようなもののあり方を考えましたので、どこの場所でもおいていいものではないのかなとは、思っています。

平沼：これは廃案にして、またやりましょう。説明の中で口にしている、自分がつくるもの、私が私が、という意図がよくないと思います。そういう作品展ではありません。もう少しこの場所に対して、敬意を払ってほしいと思います。

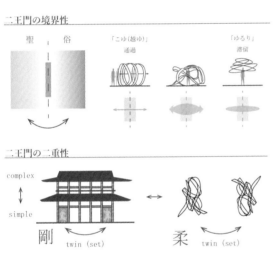

二王門の境界性

聖　俗

「こゆ(越ゆ)」通過

「ゆるり」滞留

二王門の二重性

complex

simple

剛　twin (set)

柔　twin (set)

発表

　俗世の世界・都市と仏道の世界・仁和寺の接点に在る二王門。創建以降約 380 年もの間、高さ 18.7m を有する二重門の構造や平安時代の伝統を引く和様の意匠、仏敵の侵入を防ぐ守護神・阿吽の二王像など、要素一つ一つから裏付けられた雄大で優美、厳かな風体をもって、俗世と聖域の境界線を担ってきた。今、この唯一無二の建築を守りながらも未来のために、日本の建築学生として何ができるのだろうか。私たちは、一つの解として、二王門のそばに、屋根の架かった、二王門と調和しつつも対比した、周辺環境と融合した、フォリーをつくろうと試みた。木材を直接用いるのではなく曲線状の木の帯に加工し、組み合わせることによって"剛"の門に対して"柔"のフォリーをつくり、古と今、そして未来へ、仁和寺が超え続ける時間の「揺らぎ」を感じられる「ゆるり」とした空間をつくり出そうと考えた。木の帯によって特徴づけられたアプローチ空間は、双ヶ岡の緑の稜線や京福電鉄、松並木や庭園、二王門から国宝の金堂まで直線状に続く約 300m の参道など、俗世である都市と聖域である仁和寺、それぞれが内包する豊かな環境をフォリーの借景に 360°取り入れ、滞留と通過という 2 種類の建築体験が愉しめる、高さのある二王門の敷居をゆるやかに越える仕掛けである。

　かつて、仁和寺の二王門を体験した歌人・中村草田男氏がこのような歌を詠んだ。

　　　　　　　「ふと涼し しきゐを超ゆる 二王門」

　都市から二王門を超え、境内に入るまでの間に生まれた感覚や心情の変化。二王門のそばに、「こゆるり―超ゆ、揺らり、ゆるり」な空間体験を備えたフォリーを挿入することによって、現代の人々の新たな感覚や心情の変化を促したい。

6 班　こゆるり

講評

櫻井：実は前回、上から吊るすことができないからどうしようか、と聞いていたので、先ほど二王門で長田先生と一緒に見てどこかの梁を使ったら吊るすことができるのではないかなどと話していたのですが、風船を使って浮かせるというのを考えたのは面白いと思います。アクリル板というのは、これは重りの役目だけなのですか？

鳥飼：モックアップを作成する際、このパーツをつくる段階では、ボックスだけで重りにすることを考えていたのですけれども、それだと数が増えすぎるので、下にも同じ300と500のモジュールで、キラキラする床をつくり、下にも視線を向けられるような検討もしております。

櫻井：上で浮いているものが下のアクリル板に反射することで対比が面白いとか、そういう仕掛けをつくってもらうとワクワクするかもしれないと思いました。ただ、飛んで行ってしまったりすると具合が悪い。こういうものにいたずらをする人がいます。特に子供が来ると面白がって悪気なく触ってしまったりします。糸を切られても、飛んでしまっても迷惑がかからないよう、ダブルセーフティーみたいなことを仕掛けに含めて考えてほしいなと思います。でもまだ中途半端です。もう少し磨けば面白くなるのかなと期待しています。

秦：二王門前は私の個人的なイメージからするとすごく緊張感のある場所だと思うので、ご説明いただいた通り、ゆるりとしたものとのコントラストを表現するというのがすごくいいなと感じました。実際に体験してみたいなと思います。椅子に使用されるアクリル板は銀行にたくさん余っていますし、多分他にも余っておられる事業者さんが多いと思いますので有効活用になると思います。

長田：これだと多分そのままできるだろうけど、何がつまらないのだろう？よくできているのだけど、それ以上何も驚きがないっていうのは、つまらないと思いませんか。ヘリウム入れて浮かせたらそれは浮くだろうし、それぞれ全部形態を安定させるために1本ずつワイヤーで引っ張っているのでそれは当然、形態も安定するよねっていうだけ。動きも、まあそういう動きをするかもしれないけど、それでいいのですか？

腰原：そもそも1個1個に紐がついているのがいけないですよね。大きい塊に1本の糸で繋げるぐらいにするとか、その糸の数を減らせないと、単なる偶然の束になっちゃう。大きい塊に対してどれぐらい糸が少なくて済むのかっていうことを少なくとも検討しないと。だから楽しくないんです。

班長　鳥飼 小華（日本女子大学 修士1年）
鈴木 陽介（東京大学3年）　　大坪 橘平（京都大学3年）
阿部 亮介（九州大学3年）　　中村 美月（岡山大学3年）
瀧澤 笑（イギリス国立カーディフ大学1年）

平田：僕も似たようなことを思いました。ただ形をつくっちゃっているじゃないですか。その群れみたいに見えるんです。この領域で糸で結んでいる100個の箱が飛んでいるときに風とかいろんな影響で、近づいたり離れたりするかもしれないことを考慮して、全体として予想外のものになるような仕組みをもう少し考えて工夫した方が良いのではないのかと思います。先に想定したこの群れの形を自分でつくってその形に合わせて風船をつくるよりも、その時の状況によって変化が起こるようなものをつくって、かつその下の支えがほとんどないようなものにするとか。アンカーを打っちゃだめだけど、場合によっては、何らかの形で止めて、結局その地上レベルには全く遮るものがないのに、不思議なことが起こっている、というようなそれぐらい予想外の案を出した方がいいです。

長田：上下の動きも含めて雲のようにいろんな不規則な動きをさせるためには、どういう仕組みを考えるのかっていうところまでいかないと。

平田：もっといろいろ工夫しなきゃいけない。

平沼：何が面白くないかっていうと、その糸とアクリルの使い方です。同じキューブでモックアップをつくっているのも面白くないです。例えばキューブ自体、サイコロぐらいの大きさから大きいものまで、500種ぐらいのバリエーションをつくり、それらを1000個つくってくっつければ、雲みたいに状態が安定するのがわかります。この場所って南風が大きいです。でも、当日の風速にもよりますが、二王門のおかげで南風が入らないわけですよ。二王門前は風速ゼロの時があります。そういう特性を使いながらこの10倍ぐらいの浮いたものを滞在させるとちょっと面白いかなと思います。京都銀行さんがご提供くださるアクリル板でつくる椅子に座って見上げると糸がなくて、どうなっているのかなと興味をそそるものができあがるといいなと思います。楽しみにしています。

蓮の花をイメージし
花弁を並べる。

花弁をバラし訪れる人を穏
やかに誘導する動線を作る。

地面からのび、壁になり頭上を覆う
屋根になるように、蓮の花弁一つひ
とつが人々を包み込むように、配置
を「ねじり、巻き込んで」みる。

南立面図　S＝1:30　　　　　　　　　　西立面図　S＝1:30

発表

　私たちの敷地は真言宗の開祖である弘法大師空海さまが祀られている御影堂だ。御影堂は華麗である。これはキラキラとした、見た目だけに焦点を当てた華やかさのことを指しているのではない。一見落ち着いた仏堂の印象を与えつつ、御所の清涼殿の材を用い、蔀戸の金具や檜皮葺の屋根を持つなど、細やかなところにまで意匠が凝らされた様子。そして弘法大師の住まいとして、周囲と少し質を変えるかのように周りを壁で囲われた神聖な空間。加えて訪れる人々をそっと包み込むような堂々とした力強さ。これらすべてによって、私たちは「ここにはここだけの時間が流れている」と思わされる。そう感じさせる御影堂の空間自体が、華麗なのである。では、御影堂の華麗さを表現するにふさわしいものは何であるか。≪蓮を観じて自浄を知り、菓を見て心徳を覚る≫この言葉は、弘法大師が「蓮の花を見ては自分の心が清浄であることを知り、その実を見ては心に徳が備わっていることを思う」という意味を乗せて発したものであり、蓮の花が人の心の内面に強く結びついていることがわかる。この蓮こそ、御影堂を表現するにふさわしいのではないか。

　また、今年令和5年は弘法大師御誕生1250年であり、たくさんの人がこの地に訪れ、祈りが結集する。このおめでたい年に私たちは弘法大師の住まいの空間の一部をお借りするのである。そんな場所に建てるべき小さい建築とは。

　私たちは現代において、弘法大師の住まい「御影堂」の華麗さを、蓮の花を用いて再編し、弘法大師、そして御影堂の歴史と対話できるような空間を提案する。

7班　ゆかり

講評

腰原：これはなぜ角材を使うのですか。例えば三次元的に変な角度でぶつかりますが、わざわざ角材にするか、方向性のない丸太などの丸い棒にするのかを考えると、角材にするからいろんな面がぶつかり合って頂点のところをどうしようもなくなってしまうということも発生します。そこをもう少し考えて、丸棒で鉛筆みたいに削ってあげて、頂点のなるべく点に近いところをくっつけるっていう方法を考えれば、もっと単純にできると思います。ボリュームのある四角いものがいろんなところでぶつかるから、3Dプリンターを使うという答えなのかもしれませんが、もしかしたら先端の処理をするだけで、カバーをかければジョイントができますという形でできるのではないかなという気がします。

大宅：この形を作るにあたって、金属の針金などを用いてそれで接合しようと考えていたりしたのですが、自分たちの願いとしてシュッとした感じを出したいので、角材でチャレンジしてみたいと思いました。

腰原：鉄骨でもそうですが、平断面だと単に外側のぶつかる部分だけを考えればいいのだけれど、開断面でH鋼とかアングルの板だとどうぶつかるかを考慮しなければいけない。かっこよく納めるには大変ですが、やはり角材が単純に交点にぶつかったらどういう形になるか、それを包含するようなものをやっていくのか、またはそれを避けるように均等に割ることを考えて分析をするのか。あるいはある程度スリットのように、何かルールをつくってグリットを一回切って、グリッドごとに材を決めて、という風に、どう分配するのかっていうのをやっていけば、複雑な納まりでもできないことはないと思います。検討の段階では3Dモデルで検討すればいいですが、どちらが重要かっていうことの検討と、変な形にあたるから3Dプリンターを使うのか、カッターでひたすら削っていくのかやってみた方がいいと思います。

平田：今ちょうど祇園祭をやっていますよね。山鉾巡行の鉾はもう組み立て終わっていますが、途中の状態の時って木を組んで縄でぐるぐる巻いて安定させていくんです。また再度縄を解くとばらばらになります。何か特定の角度で組み合うような仕口だけつくっておいてそれを縛っていくと、フレームも全て縄でぐるぐる巻いて、縄でコーティングされたようなものをつくると、すごくきちっとした幾何学でできているのに少しやわらかさもあって寝転がったら痛くない感じになっていたりするのではないかなと。しかもグッと縛られているから、もちますよね。ボルトとかで接合していないのにそんなことができるかもしれないのでそういう工夫とか考えたらいいと思います。

ゆかり　7班

班長　大宅 智子（広島工業大学 修士1年）
増田 龍（東京理科大学 3年）　　寺北 美芙悠（神戸大学 3年）
齋藤 巧（九州大学 3年）　　阿部 遥奈（日本女子大学 3年）
井上 梨香（東京都市大学 1年）

腰原：そうそう。接合部の途中に穴を開けておいて、縄をそこからスタートして、巻いて行けば最終的には穴と穴のところだけ引張力が伝わっていればいいので、接合部自体はピンでいいから止めておけばできるようになるはずです。

大宅：縄を巻くっていうのは接合部だけではないのですか？

腰原：そこはデザインで、どこまで巻くか考えればいいです。

平田：全部巻くかどうかは自由。でも1本の縄で巻かれているようなものをつくってもおもしろいなって想像しています。

森本：それでいいのかという話はありますが、簡単なのは面をビスで止めて、縄で縛ってしまうと隠れますから、最終的には一番簡単だと思います。いきなり縄でやると結構難しいでしょう。ビスを見えなくするということまで工夫されると、上手に見えるのではないかと思われます。頑張ってください。

長田：いきなり構造の話になっていったのですけれど、この場所にこれをつくる意味が全然わからないです。何故ここにこれをつくらないといけないのでしたか？ただこういうオブジェのようなフォリーみたいなものをここに置いたんでしょ、と言われた場合、いや私たちの思いはこうなんです、っていうことをどうやって説明するのでしょうか。形と、言っていることと、この場所の関係みたいなものが伝わってこないです。

大宅：御影堂自体が祈る場所だから祈る場所をつくっても同じになってしまうため、対話の空間をつくりたいと考えました。次に、元々の形は蓮の形そのままをモチーフにしていたので、安直すぎると指摘を受け、蓮の花みたいに求心性があったり外に伸びていく感じ、また蓮のきれいな感じとか、短い期間で咲くりりしさを表現したいということ、加えて空海と対話する場所としてふさわしいのは蓮ではないのかということからこの形になりました。

長田：この場所に来ても、今言ったことを知ってないと意味がわからないですよね。予備知識がないとこの作品を理解できない。この場所を訪れる人、誰もが子供であろうと理解できるとか、好奇心を持てば、なるほどねってわかるものの方が、特にこの仁和寺でやることを考えるといいと思います。

構成イメージ -Configuration image-

仁和寺という建築空間は見えない核を示す「器」である。隠喩やその周辺における人々の営みは「核」
となり、人々が紡いできた「関係の糸」はこの核と空間を示し出す「構造」となる。

形あるもの　- All
形ないもの　- Nothing

仁和寺「細胞」
人々の営み「核」

発表

　中門により分割された北の側、その中心に我々は立っていた。周りをぐるりと見渡せばそこには偉大なる構造体群がこちら見つめていた。その中心にオブジェクトはなく、しかし、目には見えない、何かが漂っているのが感じられたのだ。

　時を遡る。応仁の乱にて仁和寺は焼失し、その姿は人々の目に捉えられなくなった。そして形なきまま月日が流れはしても、仁和寺の目に見えない核は人々の心の中から消え去ることはなかった。人々の思いが紡がれ、再建に至った歴史は仁和寺の「輪郭無き核」の存在を我々に指し示している。輪郭無き核はその偉大なる構造体を器とし、その存在が露わとなる。人々が紡いできたものは無数に張り巡らされ、人と人を、建築と人を、数多の事象をつなぎ合わせ、絡め取り、歴史を歩んできた。それは仁和寺の営みである。我々がその敷地で感じた何かとはその「輪郭無き核」だったのではなかろうか。仁和寺を仁和寺たらしめている、目には見えないものが空間に漂い、我々に何かを伝えていた。真の意味での歴史の継承とはその核を受け継いでいくことにあり、決して姿形をそのまま残していくことではない。核を失わない限り、その姿形を形成する人々が紡いできた糸が途切れてしまったとしても、きっとまた何度でも立ち上がることができるはずなのだ。実際に仁和寺は再び立ち上がっているではないか。我々はこの目に見えない仁和寺の核をこの僅かな時間の中で、形として表そうと試みる。姿形を失っても尚、力強く生き続けたその核を。細く、今にも途切れてしまいそうなこの糸は繭となり、その輪郭を形づける。

8班　紡ぐ

講評

平田：これってどこから入るのですか？

櫻井：今は固定できていないですが、この球体の穴の中に入り込んでいく形になっていきます。反対側にもこういう穴を仕込んで、通り抜けられるようにします。

平田：綺麗だろうなとは思うのですが、こういう照明器具とかよくあるじゃないですか。何かもうひと工夫できないものなのかなと。特にその入口？とか二重になって入っていくところの仕組みをもう少し立体的に考えたり、普通だとないようなものがもう少しできませんかね？同じような考え方で。

櫻井：この形態は風船に形に依存してしまうということがありまして、さらにそこに穴を開けていくとなると単一的なものができあがるのですけど、元となる風船を圧力をかけながらラップで巻いていくと、楕円形ができてきて形を変えられるというところから、もう少し形態を変化させていけるのではないのかなと思っています。

腰原：小さければできるものをただ合体しましたってところにしか考えが及んでいない気がしませんか？実際には何 m くらいの大きさで、どれくらいの糸でやるのですか？

櫻井：約 3m の外枠を想定しています。モックアップの作成を試みた時に、10 キロで 160cm ぐらいの大きさでやってみたのですけれど、頓挫してしまって、もう少し糸が必要だと思っています。

腰原：さらに、3m にするんですよね？こんな照明器具みたいなつくりじゃなくて、もっとベルトみたいな幅広のものになっていくとか、あるいはさらに太いものになっていくとかということを先にやるべきだと思います。システムとしてはこれでいいのだけれど、これが大きくなっていくにつれて、使う材料も形状も単に小さいものをたくさんやれば済みますというわけではなく、小さくてたくさんできると今度は重量が増えます。上の部分が落ちてくるかもしれません。ですからこういうことをするのなら、現実にどれくらいの材でどれくらいできるかっていうことをやらないと、絵空事で終わっちゃうと思います。

長田：1.6m で頓挫したんですよね？マケット、モデルをつくろうとしたら。それで、まだ1.6m は実現できていないのですか。

櫻井：まだできていないです。

長田：これ、腰原さん、本当にできますかね？

腰原：だからさっさと一個やってみないと。この規模でやっている分にはできるけど、人が入る大きさになると、急に変わるので。逆にどれくらいの太さまで許容できるのかということをやってみないといけない。最終的にはインチキだけど、糸を制御しておいてダメなところは樹脂で固めるという手もあります。いずれにしろ、ま

班長　櫻井　康平（長岡造形大学 修士1年）
　　　吹留　史恵（鹿児島大学4年）　　　岡野　優英（多摩美術大学3年）
　　　武本　流碧（岡山大学2年）　　　　藤井　七星（金沢美術工芸大学2年）

ず大きいときにどうなるかっていうことをやらないことには。

平田：なぜ風船でやるのかもよくわからないです。中身に対して支えになるもの、ハリのあるものの外側に糸を巻いていくと、中身がなくなってももつものになる、っていうところが原理じゃないですか。となると、最初はあるけどあとはなくなるものっていうのは、必ずしも風船である必要はないですよね。例えば、何らかのフレームみたいなものを組んで、そのフレームを足がかりに、いくつかのポイントを巻いていって、それが構造として成立すれば、もっと自由な形もつくれるかもしれない。最後にそれが全部成立したあと、フレームは取っちゃえばどうやってつくったかわかんないようなものが残るっていう案はないのでしょうか。

櫻井：そうですね。今考えていたのは、例えば丸い風船じゃなくて、細長い風船でやってみることも・・・

平田：だから風船といっている時点で、細長くても大体球体にならざるを得ないからね。だから丸い形に制約されちゃう訳ですよ。これだけのスケールになると、単にその小さいものをつくるときの原理をそのまま使うのか、そのエッセンスを少し応用して見たことないものをつくるのか、その辺はもう少し考えてみてはいかがでしょうか。

櫻井社長：しかし実物をつくって実験すると言っても、多分お金も時間もないのですよ、解析は班の中で誰かできるのですか？できないのだとしたらお金をかけて、どこかに依頼して、大きいものをつくってこない限りは、わからないという答えになります。ここにいっぱいいるのですよ？構造の人。何とかしてください、と早くお願いして、球体をつくり、糸にどれくらいの力があればもつのかを解析をしてもらって、セグメントをとって、そこだけつくって実験をすれば、もつかもたないかわかるでしょ。そうすれば糸の太さが決まるか、あるいはその糸の複合体の仕様が決まるので、また実験をすればこれは成り立つ可能性はある、と思います。腰原さんもさっき仰っていたけど、このままやったら潰れると思いますね、これ。解析して、セグメントで実験して、糸も意匠上の糸、ここは構造上の糸みたいな形で分けて考えないといけないです。

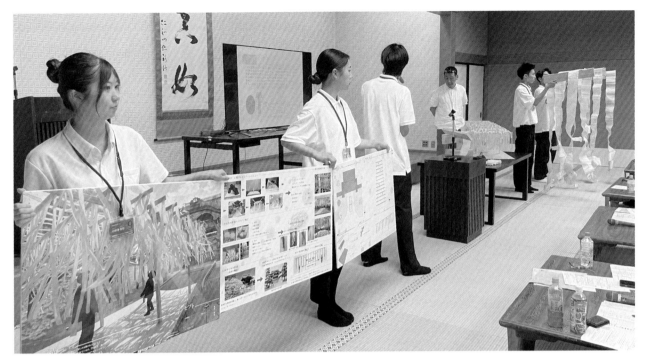

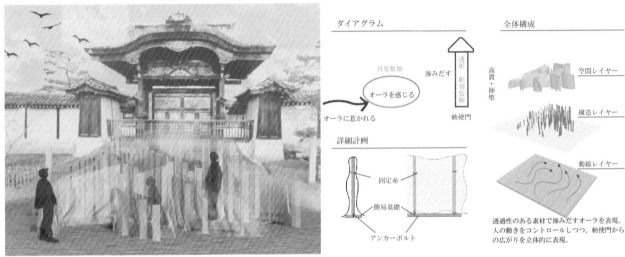

ダイアグラム

対象敷地

オーラを感じる

オーラに惹かれる

滲みだす

透彫・彫刻装飾

勅使門

全体構成

高貴・神聖

空間レイヤー

構造レイヤー

動線レイヤー

詳細計画

固定糸

簡易基礎

アンカーボルト

透過性のある素材で滲みだすオーラを表現。
人の動きをコントロールしつつ、勅使門から
の広がりを立体的に表現。

発表

　我々の敷地は勅使門前である。勅使門とは天皇の使者である勅使と呼ばれる天皇が出先機関の儀式に臨席できない場合、地方の寺社へ参詣する際などに、天皇の使者として赴く者にのみ開かれる門であり、一般には開かれることのない門である。奥には天皇の住まいや庭園が広がっているとされるが、門の先を一般の私たちには知ることが出来ず、門は静かに佇み閉ざされている。奥には神聖で格式高い風情ある未知の空間が広がっているのではないだろうか。勅使門は全体的に細かい鳳凰、牡丹唐草、宝相華唐草模様が欄間など施されており、透かし彫りと呼ばれる古典的なモチーフと近代的な幾何学文様が混在した彫刻装飾が特徴的である。設計者の亀岡末吉は光と影を意識していて、向うからの光を通して見ることで、透かし彫りが浮かび上がるようにデザインされている。奥の空間は透かし彫りの隙間からしか感じ取れることができない。そこで、透かし彫りから奥の神聖な空間が滲みだしているオーラのイメージを建築へと形にすることを目指す。滲み出すオーラはフィルター状に気体のように透明感があることで、儚さや柔らかさを表現しており、勅使門や訪れた人の姿をぼやかし曖昧にすることで、人はよりその先を知りたいと思い「神聖」へ誘われる。「滲静」は勅使門から滲み出す高貴や儚さを表現しながら、訪れた人に勅使門の歴史や奥の空間を静かに語りかける。勅使門にある透かし彫りを最後のフィルターにして、訪れた人は奥の神聖さの想像を膨らませながら空間を体感する。他の敷地にはない、この場所でしか体験できない作品であり、勅使門自体も取り込むことで新たな体験空間となる。

9班　滲静

講評

長田：これは構造体と、表層でつくられているものの分離が気になりますね。すごいストラクチャーがあって、その上から鉋屑が吊られているだけではないかと言われた時に、どうするのか。難しいなと思います。

櫻井：木組みのところに釘を使わないで組むというのは好意的に考えられるのですけれど、だからといって鉋屑も木も、もう少しうまくディテールを考えた方がいいのではないかと思います。今は糊で貼っているのですか？

片岡：今は糊で貼っているだけなのですけれど、結ぶことも考えています。ただ単純な感じではあるのでそこは検討中です。

櫻井：結ぶのも面白くないからスリッド入れて、何か工夫してくるっと回したら絶対とれませんよっていうそんな提案があったらいいのかなと思います。この何かひらひらした鉋屑がぶら下がっているのがいいのかわからないのですが、これはどうなのですか？平田先生。

平田：そうですね、きれいな模型だと思うのですけど、ほんとに長田さんが仰っていた通りの話だと思います。構造と装飾みたいなものがはっきり分かれちゃっているので、もう少し何とかならないのかなと。鉋屑だけでつくるというのは・・・ないですかね。

腰原：木を使って薄いものと聞くと、みんなすぐ鉋屑だとなるのだけど、その上に突板という、1mm とか 0.5mm のギリギリ自立できるようなものから、3-4mm になれば合板みたいなのもあり、それも製材屋さんに薄く引いてもらえば、曲げわっぱみたいなのができるぐらいのものもあります。今、見せられているものが鉋屑と木の塊だから、メリハリがありすぎて違和感があるのです。だから鉋屑をベースにするのだとしたら、そこからどこまでの厚みの中で全ての部材がつくれるかみたいなことをやるのなら面白いと思う。柱も角材でやるのではなく、1mmとか 2mm の材を十字柱にしたり、アングルみたいな形にしたり、溝型とか H 鋼みたいにすることで、薄い材でも組み立てれば柱になったりするわけです。鉄骨ではそういうことをしているわけですが、木材が構造材になった途端、90 角や 105 角を使ってしまう。もう少し、その鉋屑のその次のランクの厚さのものでやれば、木でもいろいろなこの厚みの素材をそれぞれ配置して、密度と構造・非構造を考えればまだ良い気がします。

平田：この鉋屑は何 mm ですか？

片岡：これよりはもっと薄くしたいんですけど・・・

平田：いや、これは何 mm ですか？

班長　片岡 晃太朗（近畿大学 修士 1 年）
小柳津 有彩（長岡造形大学 3 年）　　細田 伊吹（関東学院大学 3 年）
道信 佐菜子（奈良女子大学 2 年）　　川向 世瞳（神戸芸術工科大学 2 年）

片岡：これは・・・

平田：まず数字で丁寧に押さえて、0.1mm はこんな感じで、0.3mm はこんな感じ、0.9mm、1mm、1.2mm ときちんと試していくとまずその物性が掴めますよね。僕はあの撓る構造をつくって欲しいなって思うのです。壊れなくてふにゃふにゃしていたり反発性がある薄いものと、こういう揺れるものがシンクロすると、結構驚きのある構造体ができるような気がするのですよ。

腰原：CLT みたいに 200-300 厚くらいの大きい塊でも同じ素材でできますよね。ただ、同じ素材でもいろんな太さや厚さのものを使ってどうやって配置すれば、今やりたいと思っている、その薄いものがたくさん垂れ下がっている状態を、一番うまく表現できるか、ということを考えないといけないと思います。ぶら下がっているものだけではなく、支えるものがいったいどうあるべきかを考えないとつまらないです。

森本：もともとのあのパースを見ると、もう少し厚みがあるように見えるのですよね。そんなに波打っていなくて、反っているじゃないですか。だから、実際に自分たちがやりたいはずのイメージと、このモックアップが一致していないのではないかという疑問を感じました。もっと反ったまま形態を維持するものを本来はつくりたかったのではないのですか？勅使門にも曲面、反りがありますので、パースで見せているこの曲がり、しなり具合がいいなと思ったのですが、実際に見せられているものとはちょっと違いますよね。

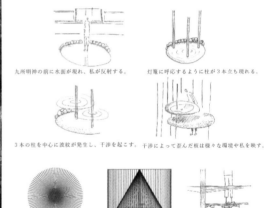

九所明神の前に水面が現れ、私が反射する。　灯籠に呼応するように柱が3本立ち現れる。

3本の柱を中心に波紋が発生し、干渉を起こす。　干渉によって歪んだ板は様々な環境や私を映す。

平面図

立面図

詳細スケッチ

発表

　神仏の歴史的関係をメタファーとし、自分と水面に映る自分の虚像との関係を知覚できるような建築。階段を登ると現れる水面に自分が映る。その水面には、拝殿が映ったり、本殿が映ったりと、異なる背景をも映す。人が登り、その場所でなにかを感じることでこの建築は初めて完成する。

　対象敷地である九所明神のように最初に寺院の境内に神社を置いたのは最澄であると言われている。最澄が比叡山延暦寺を建てたとき、比叡の神を祀り、寺院の守護神として参拝しており、これが寺院の中の神社の「はしり」であると言われており、江戸時代までは神仏習合が当たり前だったが、明治時代に、政府により神道を国教化しようという動きが強まったことにより神仏判然令（神仏分離令）が出されたために分離が行われた。本提案では、神仏の歴史的関係性をメタファーとし、反射による実像と虚像の関係を空間化することがいちばんの狙いである。また、素材について主構造の木材に加えて、布、ヨシ、竹の利用を考えている。いずれも自然由来の素材を採用することで、負荷の少ない軽やかな建築が可能となる。それぞれ、布は天板材、ヨシは円錐、円柱空間、竹は天板の支持材としての利用を目指す。特に布は漆など、防水性の固める塗料により、固めることを想定しているが、今後は実験しながら、素材を絞っていくことも含め、検討していくこととする。

10班　X

講評

川崎：タイトルはエックス？どういう意味ですか？

阿部：はい。エックスです。お寺の中に神社があったり、九所明神に拝殿があったりと、いろんなものが、同じ場所に重ね合わさっている場所だと読み解いて、反射する自分自身とかいろいろな対の関係のものを重ね合わせるという意味でエックスとしました。

櫻井：これって中に入れるのでしたっけ？

阿部：入れます。拝殿の側だけ開けてあってそこから入るという構成ですが、実際はもう少し糸の本数を増やして細いシルエットが出てくるようにつくるのですけど・・・

櫻井：天井の部分って、屋根の部分と柱の部分とつくり方を分けているのですか？

阿部：分けています。最初は一体のものとして考えていたのですが、材自体が曲がらなくて、一本貫いて、傘になるような接合部にするとなかなか成立しないので、上の部分と下の部分で分けて、その天板とを分割しています。

櫻井：さっき腰原さんと話していたのだけれども、突板みたいな薄いものだと曲がるんですよね。その曲げたものを接着して束ねていくと太い材になるから簡単に曲げるのを諦めない方がいいのでは、と思っていました。そのところはもう一度細工をしてもらったらいいと思います。単に上と下を分けて本当に意味が出せるのであればいいのだけれども、そこの繋ぎが汚くなるのだったら考えたほうがいいのではないかと思います。

腰原：今、櫻井さんが言ったL字型のものでやると大きくなっちゃうっていうのだったら、そのくびれているところをむしろピンにして、上側のやつは曲がってL字型のものが回転しているもの、下側のものは側材が回転しているものというように、そこにジョイントがあれば成り立つし、それを成り立たせるのは外側に張ってあるテンション材ですよね。だから穴を開けるとバランス取れるのかわかりませんが、柔らかいゴムみたいに分け入って中に入れるようにする部分と、テンション材として転倒を防止するための柵っていうのを分けるっていう手もあるかもしれない。いずれにしても今のものだと、その糸が、テンション材が無くても成り立つような気がして残念な気もします。

平田：その映る・映らないという話って、上に水を張るような感じで考えているんですか？ちょっとどういうイメージなのか全くわからないのですが。

阿部：上の屋根が半透明で、水を溜めて光を落として、その淡い光が落ちたその下にも水盤があって、そこに映る関係を探索

班長　阿部 槙太郎（滋賀県立大学4年）
　　　本多 加依（東洋大学3年）　　森川 詩織（日本大学3年）
　　　金光 陸（早稲田大学2年）　　宮本 泰幸（神戸大学2年）

しながら回遊していく感じです。

平田：その上にあるものが天、下が地で、両方とも水があるんですね？普遍的なものとの対比をシンボライズしているのでしょうが、この場所とどういう対話をしているのかが、わかりにくい。ちょっと完結的なオブジェクトになっていて、別にこれがどこにあっても大丈夫そうな、成立していそうなものだなと思うのです。ここにあることの面白さとか、味わいというのが、本当にあるのかなと。ものすごく面白い敷地じゃないですか。一つ一つ本当に違うものだから、そこから引き出してつくるだけでも、相当面白いことが起こるのだろうなと思うので、そういう意味では勿体ない気がします。

森本：この縦の線はどういうピッチで考えられているのですか。

阿部：縦のこの細い糸のラインは、モデリング上はかなり狭いですけど、そのさらに割った数字くらい、倍ぐらいを想定しています。

森本：あまり少ないと寂しいので、割と密になってもいいのではないかと思いました。そのうち腰原先生がおっしゃるとおり、構造的なことと意匠との折り合いをつけることになるとは思うのですが、そのパースくらい密の方が、雨が降っているような感じで、この寂しい感じの場所とすごく合う感じがします。

長田：構造的にはさっき腰原先生が言われたように、こっちは引張材でLに曲げてつくるとだいぶ整理されるのかなという気がするのだけど、うーん、難しいな。これ、中に入った時の経験と、外から見ている時の経験の差がとても少ない気がするのです。かなり彫刻的なので、どうしたら建築的になるかということを今必死で考えていたところなのですけど、どうやって直そうかと。外から見ている段階で、ある程度中の経験が予測されちゃっている感じがしませんか？入った時に、わぁ全然違うんだ、ってならない。

阿部：シルエットが彫刻的に見えるのは、敢えて幾何学も使っているので少し強いかなとは思うのですが、中に入ると減少するような緩い関係性の空間になればと考えています。

仁和寺 御室会館 2Fホール
7月15日（土）13：00～18：00

講評者　大林實温（仁和寺 執行長）　川崎隆史（京都銀行 常務執行役員）　腰原幹雄　櫻井正幸　長田直之
　　　　　秦英正（京都銀行 公務・地域連携部長）　平田晃久　平沼孝啓　森本尚孝（三和建設 代表取締役社長）

■ 発 表｜提案作品講評会時点 得点集計結果

　それではここで、本日の中間講評時点、集計の結果を発表します。もちろん本日は中間講評会時点の得点ですので、参加学生の皆様は最終の公開プレゼンテーションに向けての指針としてお聞きください。どうぞ目安としてだけ、捉えてください。それでは発表をいたします。

第1位は、3班　タイトル『さとる』です。
第2位は、4班　タイトル『鏡心』です。
そして第3位は、8班　タイトル『紡ぐ』です。

　この点数は公開プレゼンテーションの際、加点は致しません。そのため改めて採点され、過去には、中間講評で最下位のチームが逆転し、最終的に最優秀賞を獲得したこともありました。この結果に左右されずに公開プレゼンテーションに向けて大いに頑張ってください。そして上位のチームの皆様もどうか油断せず最終の完成に向けて質を高めてください。

（提案作品講評会時点 得点表）

班		タイトル	得点
1		千代の夢	100
2		かさなり	0
3		さとる	170
4		鏡心	155
5		わ	0
6		こゆるり	125
7		ゆかり	20
8		紡ぐ	130
9		滲静	25
10		X	75

講評者の皆様

各班長への質疑応答

■ 総評 | 提案作品講評会を終えて

司会：それではここで、本日お越しのアドバイザーの皆様にも、総評をいただきたいと思います。

岡田（Space Clip）：皆さん、長時間お疲れ様でした。先生から厳しいご意見もありましたが、やはりここであきらめずに、粘り強くやるということが建築であると私は思いますので、皆さんも先生のアドバイスを聞きながらギリギリまで粘り粘っていただき、いい作品を作っていただきたいと思います。我々アドバイザーも一緒にお手伝いさせていただきたいと思っております。ありがとうございました。

川本（竹中工務店）：今日は皆さん、ご苦労様でございました。私も毎週末の報告から今までの案の変遷を見てきましたが、今日出てきた案はずいぶん変わったなという印象を持ちました。先生方からのアドバイスや指摘があったということですが、この後もブラッシュアップしていくところが多々あると思います。しかし、最終的には結構面白い案も出てくるのではないかというように期待しておりますので、あと二か月、是非頑張ってやっていただければなと思います。

浮池（旭ビルウォール）：私は 5 班の担当で、かなり厳しいご指摘も多かったように思いますが、全て優しさですので、逃げずに皆さん頑張ってください。よろしくお願いいたします。

安藤（五洋建設）：私は 9 班担当なのですが、今回プレゼンテーションした案というのは今までとは大きく変わっていたと思いますが、まだまだ伸び代があると思いますし、他の各班の提案にも伸び代がたくさんあると思います。私はずっと現場でやっ

てきていますが、やはり設計者の方の思い、こだわりというのを伝えて頂かないと我々のように工事する側も、その思いが具現化できないということがあります。どんなものをつくりたいのか、妥協せずに、諦めずに、粘り強く考えてしっかり伝えてください。ありがとうございました。

舛本（増岡組）：皆さん、お疲れ様でした。現行案をもっともっとよくして進んでいく班もあるでしょうし、今後大きな変更をされる班もあると思います。今日と明日は時間がないのですけれど、各班メンバー同士でできる限り議論を重ね、頑張っていただきたいなと思います。加えて、アドバイザーさんに少しお願いがあります。この場で最終の話をするのは申し訳ないのですが、一昨年の明治神宮開催では、私も見学に行きまして、9月の最後のプレゼンテーションが終わりました後、各アドバイザーさんの力をお借りして手分けして材料を撤去しました。去年の宮島開催は島ということがありましたので、ほとんど弊社が材料のリサイクルや産業廃棄物の廃棄を行いました。現在学生が予定している材料は、もちろんリサイクルできるものもありますし、産業廃棄物として出さなければいけないような材料もあります。リサイクルとはいっても誰がリサイクルをするのかという話を決めなければならなくなってくるわけです。仁和寺さんにはゼネコンが入っていませんので、その辺りも踏まえてアドバイザーの方には各班の参加学生と共に、最後の片付けをどこがどういうふうに行うのかということまで話し合っていただければと思います。

司会：アドバイザーの皆様、ありがとうございました。それでは最後に、講評者の先生方から総評を頂きたいと思います。

秦英正（京都銀行 公務・地域連携部長）　　川崎隆史（京都銀行 常務執行役員）　　長田直之　　平田晃久

秦：皆さん、お疲れ様でございました。個人的な感想といた
しましては、皆さんの本当に熱いプレゼンテーションを聞か
せていただき、元気をもらったなと思っております。本当に
この仁和寺で建築学生ワークショップを開催できることは、
地元の人間からするとすごいことであります。なかなかこの
厳格な場所で作品をつくれるということはそうそうない機会
であると思いますし、多分もうずっとないのではないかと思
います。素晴らしい機会を与えてもらっているということを
頭に入れ、明日もですが、ここから 9 月に向けてもっと大変
なこともたくさんあると思いますが、是非頑張ってほしいな
と思います。そして、ちょうど今、京都では祇園祭が開催さ
れています。1ヶ月かけてやっておりまして、今日から先祭
りの宵々、明日は宵山、明後日は巡行があります。なかなか
お時間はないでしょうけれど、少しでも祇園祭の空気という
のも味わってもらう時間がありましたら地元の人間として嬉
しいなと思います。本日は本当にお疲れ様でした。ありがと
うございました。

川崎：皆さん、本日は大変お疲れ様でした。私も日頃の仕事
では経験できないような貴重な経験をさせていただき、学生
の皆さんの熱量を感じることができ、大変良かったなと思い
ます。アクリル板を提供してほしいというオーダーをいただ
きましたので、もちろん協力させていただきますし、その他
にも地域の産品や地元のものを使いたいというオーダーがあ
れば、できる範囲で我々も協力をしていきたいと思っており
ます。いろいろと厳しい批評を受けた班もあるかもしれませ
んが、残りの二ヶ月、これからだと思いますので、ここから
めげずに良いものを作っていただき、今日の作品がどのよう
に進化していくのか、9 月まで楽しみにしておきたいと思い
ます。暑くなる時期ですけれど、是非ともこれから皆さんに

はもうひと頑張りしていただき、素晴らしい作品に仕上げら
れるよう、頑張ってください。今日はどうもありがとうござ
いました。

長田：お疲れ様でした。いろんなことを言いましたが、この
ワークショップはとにかく 1/1 をつくらなければいけない。
誰かに頼むとか、アドバイザーを頼りすぎてしまったりする
のではなく、基本的には自分たちで全部組み立てなくてはい
けません。釘 1 つ、紐 1 本の手配まで自分たちでやらなけれ
ばならないわけですから、とにかく早く原寸を作る必要があ
ります。例えば 2 班ですと、石の重さを考えて、あれを本当
に自分たちでリフトアップできるのか、わかっていないこと
がいっぱいありましたよね。いくら机の上でいろいろと考え
ても仕方がないのです。作っていくプロセスの中で、これは
どういう意味を持っているのだろうか？これはどういうふう
に人に伝わるのだろうか？これはちゃんと理解してもらえる
のだろうか？ということを時折チェックしながら進めていっ
てもらいたいと思います。ありがとうございました。

平田：皆さん、お疲れ様でした。いろいろとお伝えしましたが、
この後は取り返すつもりで頑張ってほしいなと思います。自
由にやってほしいのですよね。なかなか自由になるというの
は難しくて、どういうことかなといつも思うのですけれど、
これは、自分が考えていることや、自分が知っているものか
らどれだけ違う方向に考えを発展させられるかということな
のではないかと思うのです。今日も見ていてすごく思ったの
ですけれど、このワークショップはこれまでも結構いろんな
聖地を回ってきていますが、これほどまでに濃密な敷地でで
きるということで、今年はまた特別だなと思っています。や
はりその場所が発している何かにもっと耳を傾けることで、

腰原幹雄　　　　　　森本尚孝（三和建設 代表取締役社長）　　　平沼孝啓

おそらくそれまで考えたことがないことに至ることができる可能性が増えますから、その方が自由になると思います。そして 1/1 を実現するという現実はあるけれど、現実との接点の中で、こういうことがこういう素材で起こるのであれば、こういったこともできるのではないかという発想が生まれてくるところが建築の面白いところですから、その1歩手前で絶対に止まらないようにしてもらいたい。全体としてどうなるのかというのは最初からわからないぐらいがいいと思っています。今はそこまで面白くないものがほとんどですので、不安に思うぐらいのところにちゃんと立ち入って、もう一度自分に戻してくるというようなことをやれば、おそらくものすごく面白いものができるのだろうなと思います。頑張ってください。

腰原：先ほど伸び代がどのくらいあるかという話がありましたが、あれにあまり意味がないと言ったのは、伸び代というのはみんなにあるからです。まだものをつくっていない段階ですよね。いくらかっこいい図面を作ったって、実際にできるものが美しくなければ全然ダメな方にいきます。一方で今は少しつまらないけれど、それをきれいに作ることを追求したり、あるいはディテールをとことん突き詰めていくと、大逆転が起こるわけです。ですので、とにかく早く失敗をしてほしいと思います。みんな頭の中で成功することばかりを考えているし、成功しそうなことしか考えない。しかし一回失敗してもいいからものを作って、壊れてしまうのか、あるいはこれほど柔らかいのか、このように揺れてしまうのかなどを試すことが必要です。揺れるというのは普通の建築で言えばマイナスなのかもしれないけれど、こういったフォリーでは、壊れない程度であれば揺れてもいい。それは価値観自体も変えられる可能性を示すことができるからです。実際につ

くってみると自分で思っていたのとは違うものができたという場合も、それは失敗ではなく、もしかしたらその新しい発見を研ぎ澄ましていくと長所になるかもしれないのです。だからこそ早くモックアップを作って、どんな感じになるのかというのを体験するところから始めないと、このワークショップはうまくいきませんので、とにかく早くつくってください。

森本：皆さん、長時間お疲れ様でした。私は本当にすぐ近くに住んでいますので、様子を見に来たいと思っているのですが、仁和寺は百回以上も見て、どの敷地がどういう光景なのかを熟知しておりますので、何となくイメージしながら聞いておりました。皆様が仰っている通り、ここでしか有り得ない、この場所につくる意味があるものを考えていただきたいと思います。加えて説明の前に、是非視覚的にわかりやすいものをつくっていただきたいと思います。聞けばわかるということも大事ですが、それ以上に見た目が大事だと思いますので、ぜひ想像力を働かせ、頑張ってください。

平沼：皆さま本日は終日お疲れ様でございました。今日は僕と同じ 71 年に生まれ建築を学ばれたご縁で、長年このワークショップに併走し支えてくださる三和建設の森本社長がなんと、境内隣接地にお住まいだということで、誰よりもよく知る幼少期から見てこられた仁和寺の近隣代表としてご講評をいただくことができ、これほど心強いことはありません。そしてこれまでの聖地開催で地元の金融機関の方にご講評をいただいたのも初めてのことで、バンカーから各班の提案の資産価値を見出してくださったのではないかと深く感謝しています。さて学生の皆さんは明日、建築材料を発注しなければいけない。このあと今夜中に案を決定し、明日の朝からアドバイザーの方たちへ具体的な施工や材料の手続きに関して

櫻井正幸

大林實温（仁和寺 執行長）

相談を始められるよう準備しなければなりません。各班に分かれてご担当いただく様々な企業の方が、皆さんのつくるものに対してご厚意をいただける貴重な機会だということも、改めて感じてもらいたいと思います。何とかして自分たちの最高の提案をつくるための材料を揃えてください。例えば1班の土壁を実現するには、計算すると土が3トン必要。それだけでできるわけではなく、実現するためには必要な知恵を出し合い、施工手順や材料手順を知った上で、改めて提案を見返し、具体的に運搬し、仮組みし、分解し、移設し、完成させていく工程を計画する必要がありますね。計画段階で公開後の分解・リユース・リサイクルまで考慮する提案の仕組みをどれほど施すのか。自分たちでは考えられなくても、この国を代表するこれだけの建築技術者の皆様がいるわけですから、何でもつくれる、何でも相談できる状況です。もちろんお願いの仕方には節度が必要ですし、甘えすぎてはいけませんが、是非大きな頼りにしていただき、本当に自分たちが境内へ参られる方たちへ捧げる空間を提案し、諦めずやり抜いてほしいなと思います。先ほどの総評で平田さんが仰って下さったように、僕たちが見たいものは、僕たちの価値ではないのです。新しい世代がつくる新たな建築の可能性や価値を生み出して欲しいと思っています。皆さんの想いの中にある、まだ存在しないものを具現化し、その誰も見たこともないものに価値を示してほしいと思っているのです。それにはどうしても僕たちにはわからないような、新世代から、御室御所と称される仁和寺の未来のあり方のひとつを示してほしいと切実に願っています。最後に、初めてここに集まった現地説明会の時にも、東京と大阪に集まったエスキースの時にも伝えましたが、とにかくこのひと夏の凄い経験をワクワク楽しんで、熱中症や安全管理にも十分に備えながらまだ見ぬあらたな建築空間の実現に向けてもらえるよう、期待を寄せ

ています。本日は誠にありがとうございました。

司会：それではここで、いつもこの建築学生ワークショップを大きなご尽力で支えて下さっております、旭ビルウォール代表取締役社長、櫻井様よりご挨拶をいただきたいと思います。皆様、大きな拍手をお願い致します。

櫻井：お疲れ様でした。毎年プレゼンテーションを見せていただきますが、年々上手になっていると感じます。学生の時にこんなプレゼンテーションは僕にはできなかったなと思いますし、それだけ見ると100人いたら95人ぐらいは騙されるのだろうなという気もします。ただやはりものを触ってないため、小さな失敗もしていないものだから、ものに対する感覚がないんです。腰原さんも言われたように、ものの感覚や仮設の感覚は、実際に触って、失敗を重ねることで前進するものだと思います。そして作品になるかならないかというのは、今後二ヶ月間でどれだけ"遊ぶ"かです。有名な建築家の先生がたくさんおられますが、その方たちはいつも遊んでいるのですよね。夢中になって遊ぶ子供のように、一つの作品をつくる時、どうすれば面白くなるかを追求し続ける興味の塊ですし、徹底して遊ぶことで作品になっていきます。皆さんはおそらく1/1が作りたいとこのワークショップに来られたはずですので、それは是非経験してほしいと思います。そしてその後に、苦労も経験します。全てが崩壊する瞬間が来るかもしれません。そこに立ち向かう時、一人だと多分耐えられないのですが、仲間がいます。建築は一人ではできません。一緒につくる仲間が支え合い協力し合うことが鉄則だと思いますから、リーダーにはしっかりまとめていただきたいと思います。ここで一緒に困難を乗り越えた仲間が、今後一生付き合える、何かに悩んだら相談できる相手になれ

総評の様子

ばいいと思います。ここから二ヶ月が勝負です。今日は夜も皆さんがやっているところにフォローに行って、工程をチェックしようと思っています。9月17日が発表の日ですから、前日にベストな完成形になるよう、工程を書いてみてください。この工程ではものはできないよということもあるでしょうし、またこうすれば実験の工程は成り立つのではないか、というアドバイスができればいいなと思います。工程が崩壊すると何が起こるかというと、品質が劣化するか、安全上のトラブルを起こすか、金銭面で破綻します。こんなことが今建築業界ではよく起こっているわけです。働き方改革で人が足りないという中で起きるのは、工程が狂うことです。ですから、今後皆さんが社会に出て経験すると考えれば、ここで工程をチェックするということが何かプレゼントになるかもしれません。騙されたと思って工程表を書いてみてください。よろしくお願いします。

司会：本年この仁和寺でのワークショップ開催を叶えてくだ

さいました、仁和寺大林執行長様よりお言葉をいただきたいと思います。

大林：ご関係の皆様、本日は大変お疲れ様でございました。皆様方の力を合わせて、本行事が成り立っていることと拝聴しております。どうぞこのあと9月の発表までの期間、十分に皆様の力を発揮していただいて、それぞれ本当に心に残る一瞬をこの仁和寺で刻んでいただきたいなと切に思っております。そしてまた、バックアップしてくださる企業の方々、大勢の関係者の方々、本当にありがとうございます。学生たちは本当に幸せだなと感じております。私自身も、もう一度学生時代に戻りたいな、なんて思ったりもしております。何卒、最後までよろしくまでお願いいたします。簡単ではございますが、私からの仁和寺としてのご挨拶とさせていただきます。ありがとうございました。

（会場）：大拍手

講評者様、アドバイザー様集合写真

開催の様子

アドバイザー様計画地ご案内

参加予定講評者

建築・美術両分野を代表する評論家をはじめ、第一線で活躍をされている建築家や世界の建築構造研究を担い教鞭を執られているストラクチャー・エンジニアによる講評。また大学で教鞭を執られ、日本を代表されるプロフェッサー・アーキテクト等にご講評をいただきます。

石川勝（いしかわまさる）大阪・関西万博 会場運営プロデューサー
1963 年札幌市生まれ。プランナーとして博覧会や展示会を数多く手掛ける。2005 年愛知万博ではチーフプロデューサー補佐として基本計画、ロボットプロジェクト、極小 IC 入場券等をプロデュース。ロボット技術、コンテンツ技術に専門性を持ち、2006 年から 10 年間、東京大学 IRT 研究機構産学連携事業部に従事。経済産業省「今年のロボット大賞」事務局長、「技術戦略マップ（コンテンツ分野）」委員等を歴任。現在株式会社シンク・コミュニケーションズ代表取締役社長、大阪公立大学客員教授。

太田伸之（おおた のぶゆき）日本ファッションウイーク推進機構・実行委員長
1953 年三重県生まれ。77 年明治大学卒業後ニューヨークに渡り、8 年間ファッションジャーナリストとして活動。85 年東京ファッションデザイナー協議会設立のため帰国、10 年間東京コレクションを運営。その後百貨店やデザイナー企業の経営に携わり、政府が新設した官民投資会社クールジャパン機構の社長を 5 年間勤めて退任。現在、東京コレクションを運営する日本ファッションウイーク推進機構理事・実行委員長としてデザイナーたちを支援している。

前田浩智（まえだ ひろとも）毎日新聞社 主筆
1960 年北海道生まれ。1986 年毎日新聞入社。政治部記者となり、首相官邸、自民党、公明党、厚生労働省、外務省などを担当し、細川護熙政権以降の政治を取材した。小泉純一郎政権では首相官邸キャップを務めた。千葉支局長を経て、政治部長、編集編成局次長、論説委員長を歴任し、今年 4 月から主筆。TBS の情報番組「あさチャン！」や BS-TBS の「報道 1930」にコメンテーターとして出演。日本記者クラブ理事長。

建畠晢（たてはた あきら）美術評論家／埼玉県立近代美術館 館長
1947 京都生まれ。早稲田大学文学部フランス文学科卒、国立国際美術館長、京都市立芸術大学学長、多摩美術大学学長。現在、埼玉県立近代美術館長、全国美術館会議会長。ベネチア・ビエンナーレ日本コミッショナー、横浜トリエンナーレ、あいちトリエンナーレ、東アジア文化都市 - 京都などの芸術監督を歴任、オーストラリア国家栄誉賞受賞。詩人としては歴程新鋭賞、高見順賞、萩原朔太郎賞を受賞。

南條史生（なんじょう ふみお）美術評論家／森美術館 特別顧問
1949 年東京生まれ。慶應義塾大学経済学部、文学部哲学科美学美術史学専攻卒業、国際交流基金等を経て 02 年から森美術館副館長、06～19 年まで館長。今までに関連、過去にはヴェニスビエンナーレ日本館及び台北ビエンナーレコミッショナー(1998)、ターナープライズ（英国）審査委員(1998)、横浜トリエンナーレ 2001 及びシンガポールビエンナーレアーティスティック・ディレクター(2006/2008) 等を歴任。16 年、総合ディレクターとして初の茨城県北芸術祭を成功に導く。17 年は 3 月～5 月開催のホノルルビエンナーレキュラトリアル・ディレクターを務める。

五十嵐太郎（いがらし たろう）建築史家・建築評論家／東北大学 教授
1967 年生まれ。1992 年、東京大学大学院修士課程修了。博士（工学）。現在、東北大学教授。あいちトリエンナーレ 2013 芸術監督、第 11 回ヴェネチア・ビエンナーレ建築展日本館コミッショナー、「戦後日本住宅伝説」展監修、「3.11 以後の建築展」ゲストキュレーター、「みんなの建築ミニチュア展」プロデュース。第 64 回芸術選奨文部科学大臣新人賞を受賞。『日本建築入門 - 近代と伝統』（筑摩書房）ほか著書多数。

倉方俊輔（くらかた しゅんすけ）建築史家／大阪公立大学 教授
1971 年東京都生まれ。早稲田大学理工学部建築学科卒業、同大学院博士課程修了。伊東忠太の研究で博士号を取得後、著書に『神戸・大阪・京都レトロ建築さんぽ』、『東京モダン建築さんぽ』、『吉阪隆正とル・コルビュジエ』、『伊東忠太建築資料集』ほか多数。日本最大級の建築公開イベント「イケフェス大阪」、品川区「オープンしなけん」、Sony Park Project に立ち上げから関わる。主な受賞に日本建築学会賞（業績）（教育貢献）ほか。

腰原幹雄（こしはら みきお）構造家／東京大学 教授
1968 年千葉県生まれ。2001 年東京大学大学院博士課程修了。博士（工学）。構造設計集団＜SDG＞を経て、12 年より現職。構造の視点から自然素材の可能性を追求している。土木学会デザイン賞最優秀賞、日本建築学会賞（業績）、都市住宅学会業績賞など多数の賞を受賞している。主な著書に『日本木造遺産』（世界文化社）、『都市木造のヴィジョンと技術』（オーム社）、『感覚と電卓でつくる現代木造住宅ガイド』（彰国社）などがある。

櫻井正幸（さくらい まさゆき）旭ビルウォール 代表取締役社長
1960 年生まれ。1983 年千葉大学建築工学科卒業。1985 年千葉大学大学院工学研究科建築学専攻修了。1985 年旭硝子株式会社入社 中央研究所。1990 年旭硝子ビルウォール株式会社の創立により出向。2007 年旭ビルウォール株式会社（株式譲渡による社名変更）常務取締役。2014 年旭ビルウォール株式会社代表取締役社長、現在に至る。

佐藤淳（さとう じゅん）構造家／東京大学 准教授
1970 年愛知県生まれ。00 年佐藤淳構造設計事務所設立。東京大学准教授（AGC 寄付講座）。作品に「共愛学園前橋国際大学 4 号館 KYOAI COMMONS」「プロソリサーチセンター」「武蔵野美術大学美術館・図書館」「地域資源活用統合交流促進施設」「ヴェネチアビエンナーレ 2008」。著書に「佐藤淳構造設計事務所のアイテム」。建築家との協働で、数々の現代建築を新たな設計理念によって実現させてきた。

陶器浩一（とうき ひろかず）構造家／滋賀県立大学 教授
1962 年生まれ。86 年京都大学大学院修了。86～2003 日建設計。03 年滋賀県立大学助教授。06 年教授。作品：キーエンス本社研究所、愛媛県歴史文化博物館、愛媛県美術館、兵庫県芸術文化センター、積層の家、清里アートセンター、潤心寺の客殿、海光の家、半居、福良港津波防災ステーション、竹の会所、さとうみステーションなど。受賞：JSCA 賞、Outstanding Structure Award (IABSE)、松井源吾賞、日本建築学会賞（技術）、日本建築大賞、日本建築学会作品選奨など。

芦澤竜一（あしざわ りゅういち）建築家／滋賀県立大学 教授
1971 年神奈川県生まれ。94 早稲田大学卒業。94～00 年安藤忠雄建築研究所勤務。01 年芦澤竜一建築設計事務所設立。2015 年より滋賀県立大学教授。主な受賞歴として、日本建築士会連合会賞、サスティナブル住宅賞、JIA 環境建築賞、SD レビュー SD 賞、渡辺節賞、芦原義信賞、LEAF AWARD, ENERGY GLOBE AWARD、FuturArc Green Leadership Award など。

遠藤秀平（えんどう しゅうへい）建築家／遠藤秀平建築研究所 主宰
1960 年滋賀県生まれ。1986 年京都市立芸術大学大学院修了。1988 年遠藤秀平建築研究所設立。2004 年ザルツブルグサマーアカデミー教授。2007～21 年神戸大学大学院教授。主な受賞歴：1993 年アンドレア・パラディオ国際建築賞、2000 年第 7 回ヴェネツィアビエンナーレサードミレニアムコンペ金獅子賞、2003 年芸術選奨文部科学大臣新人賞、2004 年第 9 回ヴェネツィアビエンナーレ特別金獅子賞、2012 年日本建築家協会賞、2015 年公共建築賞、2016 年日本建築学会教育賞。

竹原義二（たけはら よしじ）建築家／神戸芸術工科大学 客員教授
1948 年徳島県生まれ。建築家石井修氏に師事した後、1978 年無有建築工房設立。2000～13 年大阪市立大学大学院生活科学研究科教授。15～19 年摂南大学理工学部建築学科教授。現在神戸芸術工科大学客員教授。日本建築学会教育賞・村野藤吾賞・都市住宅学会業績賞・こども環境学会賞など多数受賞。住まいの設計を原点に人が活き活きと暮らす空間づくりを追求している。著書に「無有」「竹原義二の住宅建築」「いきている長屋」（編著）「住宅建築 三人三様の流儀」（共著）。

長田直之（ながた なおゆき）建築家／奈良女子大学 教授
1968 年名古屋生まれ。90 年福井大学工学部建築学科卒業。90-94 年安藤忠雄建築研究所。94 年ICU 一級建築士事務所設立。2002 年文化庁新進芸術家海外留学制度研修生としてフィレンツェ大学留学。2007 年より東京理科大学非常勤講師、2008 年より奈良女子大学住環境科学准教授に着任、現在に至る。2016 年、横浜国立大学 Y-GSA 先端科学研究員特任准教授。主な受賞として2014 年 "Yo" にて JIA 新人賞。他、JIA 関西建築家新人賞、95, 96, 99 SD レビュー入選など。

平田晃久（ひらた あきひさ）建築家／京都大学 教授
1971 年大阪府生まれ。1994 年京都大学工学部建築学科卒業。1997 年京都大学工学研究科修了。伊東豊雄建築設計事務所勤務を経て、2005 年平田晃久建築設計事務所設立。2015 年より京都大学准教授就任。主な作品に「桝屋本店」(2006)、「Bloomberg Pavilion」(2011) 等。第 19 回 JIA 新人賞 (2008)、Elita Design Award (2012)、第 13 回ベネチアビエンナーレ国際建築展金獅子賞 (2012、日本館)、等受賞多数。2016 年にはニューヨーク近代美術館 (MoMA) にて「Japanese Constellation」展 (2016) 参加。

平沼孝啓（ひらぬま こうき）建築家／平沼孝啓建築研究所 主宰
1971 年大阪生まれ。ロンドンの AA スクールで建築を学び、99 年 平沼孝啓建築研究所設立。主な作品に、「東京大学くうかん実験棟」や「D&DEPARTMET PROJECT」などの建築がある。主な受賞に、日本建築士会連合会賞や日本建築学会作品選奨、イノベイティブ・アーキテクチュア国際賞（伊）やインターナショナル・アーキテクチャー・アワード（米）、日本建築学会教育賞など、国内外でも多数の賞を受賞している。

藤本壮介（ふじもと そうすけ）建築家／藤本壮介建築設計事務所 主宰
1971 年北海道生まれ。東京大学工学部建築学科卒業、2000 年藤本壮介建築設計事務所を設立。2014 年フランス・モンペリエ国際設計競技最優秀賞（ラルブル・ブラン）に続き、2015, 2017, 2018 年にもヨーロッパ各国の国際設計競技にて最優秀賞を受賞。2019 年には津田塾大学小平キャンパスマスタープラン策定業務のマスターアーキテクトに選定される。主な作品に、ロンドンのサーペンタイン・ギャラリー・パビリオン 2013 (2013 年)、House NA (2011 年)、武蔵野美術大学 美術館・図書館 (2010 年)、House N (2008 年) 等がある。

安井昇（やすい のぼる）建築家／桜設計集団一級建築士事務所 代表
1968 年京都府生まれ。1993 年東京理科大学大学院（修士）修了。積水ハウスを経て、1999 年桜設計集団一級建築士事務所設立。2004 年早稲田大学大学院（博士）修了。博士（工学）。木造建築の設計、木造防耐火に関する研究・技術開発・コンサルティングを行う。2007 年日本建築学会奨励賞（論文）受賞。2016 年ウッドデザイン賞林野庁長官賞受賞。主な著書に「世界で一番やさしい木造 3 階建て」（共著）（エクスナレッジ、2010 年）。

安原幹（やすはら もとき）建築家／東京大学 准教授
1972 年大阪府生まれ。東京大学大学院工学系研究科修了。山本理顕設計工場勤務を経て 2008 年 SALHAUS を共同設立、設計活動を行う。主な作品に群馬県農業技術センター、陸前高田市立高田東中学校、大船渡消防署住田分署などがある。東京大学大学院准教授を経て現在、東京大学大学院准教授。BCS 賞 (2014)、日本建築学会作品選集 (2015, 2019)、グッドデザイン金賞 (2017) 等を受賞。

横山俊祐（よこやま しゅんすけ）建築家／大阪公立大学 客員教授
1954 年生まれ。1985 年 東京大学大学院工学系研究科 建築学専攻博士課程修了。同年熊本大学工学部建築学科助手。2004 年大阪市立大学大学院助教授。2005 年より現職。主な著書：「住まい論（放送大学教育振興会）」「これからの集合住宅づくり（晶文社）」等。主な作品：「大阪市立大学高原記念館」「水上村立湯山小学校」「八代市営西片町団地」等。

吉村靖孝（よしむら やすたか）建築家／早稲田大学 教授
1972 愛知県生まれ。97 早稲田大学大学院理工学研究科修士課程修了。99 年～01 年 MVRDV 在籍。05 年吉村靖孝建築設計事務所設立。18 年～早稲田大学教授。主な作品に、窓の家 (2013)、中川政七商店旧社屋増築 (2012)、鋳鋼の合服所 (2012)、中川政七商店新社屋 (2010)、Nowhere but Sajima (2009)、ベイサイドマリーナホテル横浜 (2009) 等。主な受賞による JCD デザインアワード大賞、日本建築学会作品選奨、吉岡賞ほか多数。主な著書「ビヘイヴィアとプロトコル」、「EX-CONTAINER」、「超合法建築図鑑」等。